東西学術研究所研究叢書創刊号
言語接触研究班

周縁アプローチによる東西言語文化接触の研究とアーカイヴスの構築

内田 慶市 編著

関西大学東西学術研究所

「関西大学東西学術研究所研究叢書」の刊行に寄せて

関西大学東西学術研究所長
内 田 慶 市

　従来、東西学術研究所の各研究班の研究期間終了時には、一般的には科学研究費成果報告書の形式に倣って各班の研究報告書を刊行してきていたが、この形式では広く公に知られることは少なく、折角の研究所の研究成果が世に出にくいという問題があった。

　今回、これまでの方式を変更し、新たに「関西大学東西学術研究所研究叢書」という形で公刊していくこととしたが、これによって、長い伝統に裏付けられた東西学術研究所の質の高い研究が大方の目に触れることになり、学界に裨益すること大であろうと確信する。

　なお、平成28年度は、言語接触研究班、近世近代日中文化交渉（日中移動伝播）研究班、非典籍出土資料研究班、比較信仰文化研究班、日本文学研究班の5班からそれぞれ刊行される予定となっている。

2016年11月15日

はじめに

主幹 内 田 慶 市

　私たちの言語接触研究班は総合課題を「周縁アプローチによる東西言語文化接触の研究とアーカイヴスの構築（Studies in Cultural and Linguistic Exchanges Between West and East, adopting the Peripheral Approach and the construction of archives）」としているが、その基本コンセプトは以下のようなものである。
　ものごとの本質は、その中心よりもむしろ周縁からこそ見えてくることがある。学問研究においても然りであり、たとえば、大航海時代以降、布教、貿易等に伴う人的物的交流により中国語を学習、或いは考察の対象とする異邦人が現れ、彼らの手によって夥しい数の文献が蓄積された。こうした「域外＝欧米、日本、朝鮮、琉球等」の目を通して観察された中国語に関する文献は、中国人のものよりも現象を複眼的に捉え、16-19世紀の中国語の真の「面目」を反映していると考えられる。このことは、中国語研究だけに特有のものではなく、他の言語研究においても同様であり、たとえば日本語研究においても、周縁からのアプローチの有効性は何ら変わるものではない。
　また、現在、世界的規模で進む文献のアーカイヴス化は学問の無限の可能性を秘めているが、それだけでは展望が開けないことも事実である。そこには新しい方法論の確立が不可欠となる。本研究では、特に、1）世界をリードする文化交渉学研究の方法（＝「周縁アプローチ」）を基盤とした新しい個別言語学（特に、中国語学、国語学）の確立を目指し、2）個別言語の研究（特に近代を中心として）を行いながら、3）近代における各言語研究に関わる周縁文献を中心とするアーカイヴスを構築し、

このことにより、中国語学および国語学研究を既存の研究とは質の異なる高みに導くことを目的とする。

　以上のような大まかな前提に立って、各研究員は独自の研究を推し進めると同時に、班全体としての問題意識、成果の共有という点から積極的に研究例会を展開してきた。この3年間で合計11回の研究例会を開催し、この中には外国からの研究者を招いた会議も数回含まれている。

　研究成果としては、論文以外に、著作物としても内田慶市編著 『漢訳イソップ集』（ユニウス、2014年2月）、内田慶市・氷野歩等編著 『語言自邇集の研究』（好文出版、2015年2月）、内田慶市編著 『関西大学長澤文庫蔵琉球官話集』（関西大学出版部、2015年3月）、沈国威・内田慶市編著『東アジア言語接触の研究』（関西大学出版部、2016年2月）、内田慶市・氷野善寛編著『官話指南の書誌的研究　付影印・語彙索引』（好文出版、2016年3月）などがある。

　なお、外部資金獲得に関しては、内田慶市、沈国威それぞれが平成27年度科学研究費基盤研究C（一般）を獲得し、また、内田慶市がバチカン図書館のデジタル化に関して学内の緊急研究支援経費を獲得している。

　今回、成果報告書を刊行するに当たり、各研究員の多くの研究成果の中から特にこの3年間の代表的な論考を各1篇だけ収録することとした。いずれも、言語接触研究においてはまさに学界をリードする優れた論考であると考えているが、大方のご叱正をお願いする次第である。

2016年11月15日

関西大学東西学術研究所研究叢書
言語接触研究班

周縁アプローチによる東西言語文化接触の研究とアーカイヴスの構築

目 次

「関西大学東西学術研究所研究叢書」の刊行に寄せて
　　………………………… 関西大学東西学術研究所長　内　田　慶　市
はじめに ……………………………………… 主幹　内　田　慶　市（ⅰ）
漢譯聖經研究的新的局面
　　以『古新聖經』为中心 ………………………… 内　田　慶　市（ 1 ）
中国語語彙体系の近代化問題
　　──二字語化現象と日本語の影響作用を中心として
　　…………………………………………………… 沈　　　国　威（15）
表記体から文体へ ………………………………… 乾　　　善　彦（37）
清代雍正期檔案資料の供述書
　　──雍正 4 年（1726）允禵允禟案件における「供」の言葉──
　　…………………………………………………… 奥　村　佳代子（57）
吉雄権之助訳蘭英漢対訳辞典の編纂法について
　　…………………………………………………… 松　田　　　清（85）
明治初年日本僧の中国語体験 …………………… 陳　　　力　衛（141）
東亞官話圈的"訓讀"
　　──以江戸時代的"崎陽之學"和長崎唐通事為例──
　　…………………………………………………… 木　津　祐　子（171）

ⅲ

漢譯聖經研究的新的局面
以『古新聖經』为中心

内 田 慶 市

1 漢譯聖經研究最新動態

最近漢譯聖經研究有了很大的進展，一個是白日昇（Jean Basset＝巴黎外方傳教會，1662-1707）的所有（四種）的漢譯聖經版本的發現，一個是曾經一直沒找到的賀清泰（Louis Poirot＝耶穌會，1735-1814）的白話聖經叫做『古新聖經』的發現。前者是馬禮遜（Robert Morrison, 1782-1834）『神天聖書』的藍本，後者是最早用北京口語翻譯的聖經。

這些新發現的漢譯聖經對於各種研究領域一定會都有很大幫助，比如翻譯論的研究、漢語語體觀的研究、近代漢語史的研究等等。

在這篇小文章裡，我想先談談有關白日昇聖經的一點兒小事，然後討論『古新聖經』的各種問題包括語言面貌在裡面，如它的漢語究竟有沒有受到"滿語"的影響等。

2 白日昇（Jean Basset）的聖經

以前大家早就都知道馬禮遜的《神天聖書》和馬士曼的藍本是大英圖書館收藏的白日昇編的《四史攸編》（馬禮遜自己抄寫的版本也收藏在香港大學圖書館）。但是最近又發現了羅馬卡薩納特圖書館的版本和劍橋大學圖書館的版本。所以現在白日昇的聖經一共有四種。

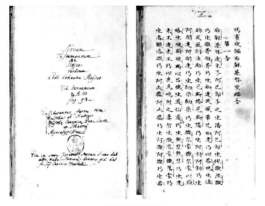 

（卡薩納特版）　　　　　　　　　　（劍橋版）

這四種白日昇的聖經可以分為兩大類，一類是把四福音書以合參的方式編排的，就是大英圖書館藏《四史攸編》（也包括香港大學圖書館藏的馬禮遜抄寫版）和劍橋版，一類是按本來的四福音書的順序分書逐章譯出的，就是卡薩納特版。

關於這個為什麼編排不一樣的問題和哪個先哪個後的問題，我以前說過我的看法（參照內田2010, 2012），這裡只要指出另外一個我個人還沒有解決的問題，是雷慕沙（Abel Rémusat）的如下的記載：

Nouveau Testament traduit en chinois par J. Basset, en sept volumes, qui est à la bibliothèque de la Congrégation de Propagandâ fide.

（保存於羅馬傳信部的白日昇的七卷本新約譯本）

(Abel Rémusat, 1811: MÉLANGES ASIATIQUES, SUR LES TRAdUCTIONS DE LA BIBLE EN LANGUE CHINOIS. 12-13p)

惠志道博士（J. Wherry）也指出過跟這個雷慕沙類似的事情，如下：

The end of the Ming dynasty, and the beginning of the present

Ta Ch'ing, were the palmy days of Jesuit missions in China. At that time portions at least of the Scriptures were translated into Chinese and printed for general use. It is not improbable, indeed, that the whole of the Scriptures were translated, though they were never printed, and therefore never got into general circulation. A manuscript copy of the New Testament in seven volumes, now preserved in the library of the Propaganda at Rome, may belong to this period. We could not expect Rome to give her people freely whole Bibles, not even New Testament; but much of the substance of the Gospels, and sketches of the more interesting historical narratives of the Old Testament, were made at different times by different men, and neatly printed and widely circulated. Copies of these, some yellow with age, some later reprints, may still be found in the possession of old Catholic families in Peking. They are written in a simple though not uniform style, much of which differs little from the Kuan-hua of the present day.

(Rev. John Wherry: Historical summary of the different versions of the Scriptures, General Conference of the Protestant Missionaries of China, 1890.5.8, 47p)

雷慕沙明確地說白日昇的七卷聖經保存在「bibliothèque de la Congrégation de Propagandâ fide」, 就是羅馬傳信部圖書館。

卡薩納特圖書館藏的新約聖經的封面有這樣的記述：

Era in sette libreor staccato l'uno dall'
-altro, fralle scritture donate gia' dal
-fu Sig. Canonico Fattinelli.

　　（原本七卷，由 Fattinelli 神父捐贈贈我們）

卡薩納特圖書館是多明我會的 Santa Maria Sopra Minerva 教會的附屬圖書館，是按照紅衣主教卡薩納特（Cardinal Gerolamo Casanate, 1620-1700）的意志在 1701 年公開的。該圖書館的藏書是由卡薩納特本來收藏的的藏書 25,000 冊和後來的各種捐贈構成的。18 世紀該圖書館獲得了許多有關中國的文獻（基本上是手寫本），主要由下面的三個人捐贈。

(1) 1733 年 9 月 12 日和 1741 年 Giovan Giacomo Fatineli（耶穌會律師，C. T. Mailiard de Tournon 教皇使人到中國去答辯禮儀之爭的使命失敗後，Fatineli 在意大利受到了維護耶穌會士名望的委託）的捐贈。
(2) 1741 年 Antonin Brémond, Antoine Guignes（MEP＝巴黎外方傳教會）的捐贈。
(3) 1742 年 1 月 10-11 日 Giuseppe Ceru 的贈書。（參照 Menegon，2000）

按照這個記載，Fattinelli 捐贈的這本白日昇的七卷新約聖經最晚也 1741 年的時候已經藏在這個圖書館裡。卡薩納特圖書館和羅馬傳信部圖書館不是一個圖書館。那樣的話，雷慕沙提到的傳信部圖書館的七卷本怎樣看呢？有可能傳信部圖書館保存著另外雷慕沙看到的七卷本漢譯聖經。

另外，我以前依靠下面的巴黎外方傳教會的同門勞奈（Adrien Launay）的白日昇傳記裡的記載認為『四史攸編』肯定是卡薩納特版完成以後做的，而且也許『四史攸編』也許是『聖教要理』那樣的東西。

他編輯了小公教要理，但這是四十年後傳教士勸信徒讀書的成果。在四川省使用的公教要理中敘述一般教理的部分，直到 1904 年都是根據他的公教要理。他的新約聖經翻譯是從馬太福音第一章譯到保羅的希伯來人書第一章為止。

但是這個推論好像是我的錯誤，因為我最近在卡薩納特圖書館裡發現了如下的白日昇的『聖教要理』，所以白日昇的『聖教要理』和『四史攸編』完全是兩碼事。

 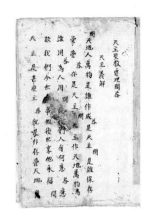

3 賀清泰和『古新聖經』

關於賀清泰的『古新聖經』,早就有很多人提到過這本聖經的存在,如下:

古新聖經
耶穌會士賀清泰 P. Le. Poirot 譯,係官話,章與節與拉丁文聖經不甚符同,抄本未刊。
(徐宗澤 1958『明清間耶穌會士譯著提要』18-19p)

賀清泰 P. Louis de Poirot,法籍,來華 1770 年,卒年 1814 年
賀清泰法國人,生於 1735 年,1756 年入耶穌會;善滿漢文;頗得乾隆之信任;耶穌會取消後,得仍居北京。譯有古新聖經,未刊。卒於 1814 年。(徐宗澤同上書 417p)

徐宗澤還提到過徐家匯藏書樓裡收藏着這個抄本(422-423p)。

5

費賴之（Pfister）1995 也這樣指出：
『聖經』官話譯本附注釋。吾人藏有抄本一部，不知是否全帙茲列其細目於下。
全書標題曰：『古新聖經』三十四卷，25 篇 34 卷。
北京遣使會圖書館所藏本較多。『路德書』『多比傳』『猶底特書』『以斯帖書』『智慧書』『以賽亞書』『約拿書』七經。則所缺者為『雅歌』與『以賽亞書』『但以理書』『約拿書』三經外之一切預言八經。（費 1995, 1034p）
潘廷璋（Joseph Pansi）修士 1790 年一信札，言清泰曾將《聖經》譯為滿語，附有注釋。（費 1995, 1035p）

從這樣的記述，我們可以知道賀清泰的『古新聖經』抄本原來收藏在徐家匯書樓和北京遣使會圖書館（＝北堂），費賴之自己也有一本，只是一直沒有找到。但是最近才發現，這個發現一定會推進漢譯聖經的研究。

4 『古新聖經』的版本

現在發現的《古新聖經》有以下幾個版本：
漢語版…上海徐家匯藏書樓藏
漢語版…香港思高《聖經》學會藏雷永明攝北堂稿本殘片
滿漢合璧版…聖彼得堡東方文獻研究所藏
滿文版…東洋文庫藏，聖彼得堡藏

按照李奭學博士的研究，這些版本的成書年代是這樣的：
1. 滿文版，1790，這個年代估計按照費 1995，東洋文庫藏？
2. 北堂漢語版，約 1805 年完成（1800 始譯新經，未發現）
3. 聖彼得堡滿文版，1826（Petr Kamanskii 抄）

（滿文版，東洋文庫藏）

4. 徐家匯藏書樓版，1847年以後抄，（＝鐘鳴旦、杜鼎克、王仁芳編的影印版（『徐家匯明清天主教文獻續編』第28冊－第34冊，台北利氏學社，2013）

5. 1849年郭實臘在上海擬刊所本之抄本（他1851年去世後，遂無下文）

6. 香港思高《聖經》學會藏雷永明攝北堂稿本殘片（共308枚；1925年左右攝）

7. 中國家圖書館藏北堂漢語版：未發現

8. 聖彼得堡東方文獻研究所藏滿漢合璧版『眾王經新增的尾綱』

關於滿漢版，金東昭2001曾經說過：

Yudae gurun-I wang sai nonggime sosohon nomun bithe [Paralipomenon libripromi pars secunds constans] 是Poirot神父翻譯的滿、漢文聖書原稿中的《歷代經》部分。至於是出自Poirot神父親筆，還是其它人的手筆，則無從考證。這本原稿一冊為100＋5張，各面（頁）是8行，大小為34×23、25.5×8cm。現收藏於蘇聯科學院亞細亞民族研究所。

7

筆者曾於 2013 年去往聖彼得堡東方文獻研究所搜尋資料，按照 Volkova 的有關滿文手寫本文獻目錄（*Opisanie man'chzhurskikh rukopiseĭ Instituta narodov Azii AN SSSR*, 1965）有幸得以親自看到滿漢版『古新聖經』殘稿（請求號碼是 C. 11mms.）。

我看了實物，才知道金東昭 2001 的記載與實際情況有些出入。所出現問題如下：

稿本的大小沒問題，但是本文一共有 101 葉，各半葉 10 行（滿漢各 5 行），這樣看來金先生也許沒有看到實際文獻，只依據 Volkova1965 的記載來寫。

這個稿本收錄了從「如達國眾王經尾增的總綱・卷壹下・第 13 篇（＝歷代志上・第 13 章）」到「如達國眾王經尾增的總綱・卷壹下・第 29 篇」的篇章。

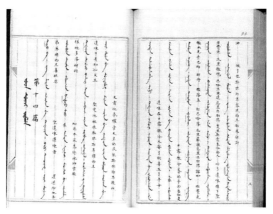

（滿漢版，聖彼得堡東方文獻研究所藏）

滿漢版的筆跡跟上海徐家匯藏書楼藏漢字版比較起來，兩者大概出自同一人之手，所用異體字也差不多一樣，如下：

（滿漢版） （漢語版）

（滿漢版） （漢語版）

兩者的語句稍有不同，但是總的來說漢語版比滿漢版正確一些，如下：
我們望耶耳國各方住的我們的弟兄、城外有的諸祭首、肋未的眾子孫，<u>叫</u>他們全到我們這裡，我們一齊把聖櫃挪進日露撒冷。本撒烏耳時，我們不多瞻仰。眾人答應：狠是。他們內沒有一個不服達味的話，故<u>多</u>說：狠是。因此達味從厄日多的西<u>割</u>耳到厄瑪得邊界，聚了依斯拉耶耳的民，要自加里亞里<u>莫</u>挪來陡斯的櫃。達味同依斯拉耶耳後代，上如達斯族地方有的加里亞弟亞里<u>莫</u>的山嶺，要拿坐在克魯賓上的主陡斯的櫃，那裡呼天主聖名求旨意。（滿漢版 1b，2a）

我們望耶耳國各方住的我們的弟兄、城外有的諸祭首、肋未的眾子孫，<u>教</u>他們全到我們這裡，我們一齊把聖櫃挪進日露撒冷。本撒烏耳時，我們不多瞻仰。眾人答應：狠是。他們內沒有一個不服達味的話，故<u>都</u>說：狠是。因此達味從厄日多的西<u>豁</u>耳到厄瑪得邊界，聚了依斯拉耶耳的民。要自加里亞里<u>默</u>挪來陡斯的櫃，達味同依斯拉耶耳後代。

上來如達斯族地方有的加里亞弟亞里默的山嶺，要拿坐在克魯賓上的主陡斯的櫃，那裡呼天主聖名求旨意。(漢字版)

這樣看來，先有滿漢版，漢語版應是滿漢版基礎上修改而來。

5　有沒有滿語的影響？

　　近代漢語史上有一些受到蒙語、滿語、朝鮮語等異民族語言影響的漢語，比如『元典章』『元朝秘史』『元版孝經直解』『朴通事』『老乞大』『清文指要』『清文啟蒙』等等中存在很多這樣的現象。這些語言叫做"漢兒言語"或"蒙文直譯體"。"漢兒"指的是異民族統治下的"漢人"（或者是異民族統治下的包括漢族在內的各個民族），"漢兒言語"即是那樣的"漢人"使用的一種受了異民族（主要是阿爾泰語系的民族，如蒙古族、滿族等）語言影響的漢語。"蒙文直譯體"是元代統治下的譯官不顧漢語固有的語法規律及用語習慣，將蒙語公文機械地翻譯為漢語而產生的一種語體。前者一般是口語，後者是書面語。川澄2003把這兩種統稱為"擬蒙漢語"。我們可以說是"克里奧爾語（Creole）。"

　　這些語言的特徵如下：

① SOV 語序

　　一兩或一錢偷了來的拿住呵。(＝拿住偷了一兩或一錢來的)

　　百姓每女孩兒與了有。(＝百姓們給女孩兒了)

　　心裏一般愛有。(＝心裏一般有愛)

② 多用後置成分

　　大醫根底重重的報酬也。(＝給大醫重重的報酬)

　　兒子每行疾快喚覺起來。(＝把兒子們快喚覺起來)

　　我一個肚皮裏生的。(＝從我的一個肚皮生的)

　　使臣每攪擾<u>上頭</u>，交百姓生受有。(因為使臣們攪擾，叫百姓受

苦）

　為那上頭,（＝因為那個＝跟漢語的混淆）

③使用特殊的句末助詞

　官人每的言語是有。（＝官人們的語言對的）

　我的生日二月初六日有。（＝我的生日是二月初六日）

　是漢兒人有。（＝是漢兒人）

④其他

　你在這里作生意有多少年的功夫吗"（『你呢貴姓』）

　家有多少天的地吗"（『你呢貴姓』）

那麼,『古新聖經』的漢語怎麼樣呢？
下面我們看看滿漢合璧版和與漢語版的差異。

(1)

　elemangga　žet　ba　i　obededom　i　boo　de　benehe.
　　　反　　　熱得　所　的　阿柏得多莫　的　家　裏　運送
反送到熱得家裡阿柏得多莫（滿漢版, 第 13 章）
反送到熱得的阿栢得多默家裡（漢語版）

這裡滿漢版好像翻得有些問題, 比較起來, 漢語版的語言更為正確。

(2)

　daweit　fafulame　ere　jergi　ūren　be　yooni　deijibu　sehe.
　　達味　　傳軍令　這　些　　　像　把　全部　燒掉　　說
達味全命燒那些像斐里斯定的兵（滿漢版, 第 14 章）
達味命全燒那些像斐里斯定的兵（漢語版）

滿文原義為"全部燒掉這些像", 所以這裡的滿漢版的漢語也有點兒錯誤, 漢語版則重新調整了語序。

(3)

abkai ejen i hūwaliyasun doroi guise be tukiyere leweida sa
 天　　主　的　　　和睦　　禮儀的　　櫃　　把　　肩抬　　肋未頭目　們
肩抬和主和睦結約櫃的肋未子孫（滿漢版，第 15 章）
肩抬天主和睦結約櫃的肋未子孫（漢語版）

這裡滿漢版把"天"寫錯了。

實際上，我還沒有完成滿漢版和漢語版的對照，所以現在還不能確定『古新聖經』的漢語是否受到滿語的影響，但是我看來好像沒有元朝時代的擬蒙漢語那樣受到滿語的影響，就是不存在"滿（清）文直譯體"那樣的語體，因為清朝時期的滿人的漢語已經相當程度上有"漢化"了。另外，關於滿漢版和漢語版的出版的時間，我認為應是先有滿漢版，漢語版是在滿漢版的基礎上修改而來，因此語言要較滿漢版更為順暢。反正關於兩個版本的詳細研究以後要進一步考察探討。

付記
　これは平成 27 年度科学研究費基盤研究（C）及其平成 26 年度関西大学教育緊急支援経費（長谷部剛代表）的成果之一、这裡記下表示感謝之意。

参考文献
内田慶市「馬禮遜參照的漢譯聖書──新發現的白日昇譯新約聖經稿本」『自上帝說漢語以來──《和合本》聖經九十年』謝品然，曾慶豹合編，CABSA 研道社，2010
──────「白日升漢譯聖經攷」『東アジア文化交渉研究』第 5 号，2012
Eugenio MENEGON The Biblioteca Casanatense (Rome) and Its China Materials.『中西文化交流史雜誌（中國天主教史研究）』XXII, 2000
李奭學「近代白話文宗教啟蒙耶穌會傳統──試窺賀清泰及其所譯《古新聖經》的語言問題」『中央研究院中國文哲研究集刊』第 42 期，2013
費賴之（馮承鈞譯）『在華耶穌會士列傳及書目（上下）』中華書局，1995
金東昭「東洋文庫藏現存滿文聖經稿本介紹」『滿族研究』第 4 期，2001
川澄哲也「元代の「擬蒙漢語」と現代の青海・甘肅方言」『京都大学言語学研究』

vol.2, 22003.
亦鄰真「元代硬譯公牘文體」『元史論叢』第一輯,1982
太田辰夫「漢兒言語について」『神戶外大論叢』5-3, 1954

中国語語彙体系の近代化問題
―― 二字語化現象と日本語の影響作用を中心として

沈　　国　　威

1　演化の道程：近代語から現代語へ

　現代中国語は、19世紀以前の近代中国語より発展してきたものである。中国語が19世紀初頭から1919年の五四新文化運動を経て、現代語へと成長していく過程における最大の変化は、語彙の二字語化と言えよう[1]。二字語化により、中国語は、

1、体言・用言間の品詞転換が可能となった。
2、形式動詞「進行、加以、給予…」や二字複合介詞「対于、関于、作為…」の頻繁な使用により連体修飾部が長大となり、文構造が一変した。
3、言文一致が達成された。

といった近代的変貌が成し遂げられた。二字語化現象は語彙の面に留まらず、文法、文体に跨がる事象として、中国語を近代的に特徴付けた最も大きな変化と言えよう。早くも漢代に始まったとされる二字語化は、晋唐の仏典翻訳によって大いに発展し、19世紀に入ってから、西洋宣教師らによる宗教書や世俗書の翻訳、及び英華辞書等の編纂によって二字語がかつてないほどの勢いで大量に作り出された。特に20世紀に入ってからは、日本書を翻訳する過程における日本語の借用、或いは刺激

により二字語の語数が急増し、現代中国語の語彙体系の基礎的な部分が作り上げられた。王力、呂叔湘ら先学諸氏も注目した二字語化現象の誘因とメカニズムに関しては、近年董秀芳氏の『詞彙化：漢語双音詞的衍生和発展』（初版2002、修訂版2010）に代表されるように、研究者が高い関心を示している。語彙の二字語化には中国語の「進化」趨勢という内部要因と外国語との接触による影響という外部要因が考えられるが、従来の研究では二字語化現象を漢代以降から続いた中国語の通時的な変化に仏教経典の翻訳が大きな役割を果たしたと考えられ、もう１つの重要な外部要因、つまり19世紀末以来の日本語によって及ぼされた影響に関する研究は少ない。19世紀以前の二字語に関して、語源の角度から考察する研究者が多く、連語が複合語へ発展していく語形成の側面からの分析も一部にあったが、19世紀から20世紀初頭までの100余年間における二字語化の現象に関して考察が十分に行われたとは言えない。董氏は、共時的、通時的な方法により二字語化の過程を連続的に捉えると言っているが、巻末の語彙索引からも分かるように必ずしも19世紀以降の言語事象を考察の対象に加えてはおらず、現代語とはやはり断絶されていると言わざるを得ない。董氏ばかりでなく、これまでの現代中国語の形成に関する研究では19世紀から20世紀初頭までの部分が欠如した観があり、近代語から如何に現代語へと成長していったかという視点に基づく考察が不足していると思われる。

　一方、近代日中語彙交流に関する研究は、目を見張る成果を収めたが、研究の出発点は、西洋新概念の導入とそれに伴う日中間の語彙交流にあり、研究者は日本発の新語訳語が中国語の語彙体系に短期間に現れた空白をいかに埋めたかという新概念の導入に誘発された学術用語の貸借に強い関心を寄せてはいるが、語彙体系や造語法への影響を問うものが少ないため、新しいアプローチが必要な所以である。

　近代語はいかにして現代語に進化したのか。19世紀以降の中国語と外国語の言語接触はこの進化のプロセスにおいてどのような役割を果た

したのか。二字語化現象を考える際、これは避けて通れない問題である。筆者自身は「中国語の近代「国語」への進化に関する総合的研究：欧化文法と日本語の影響を中心に」と題する研究テーマの下で[2)]、中国語の近代化における外来要因、特に語彙レベルでの日本語の影響を考察してきた。研究成果の1つとして『現代中国語常用詞彙表（草案）』（商務印書館、2008年、56,006語収録）から日中同形語を16,292語確認した（広辞苑第5版準拠）。その中の5,000～6,000語は、今日の知的言語生活を送るために欠かせない基本語彙であるが、この部分の語に対してさらに調査した結果、いわゆる日中同形語には、次のような3種類が多く占められていることが判明した。

(1)「哲学、義務、起点、神経、前提、団体」のような和製漢語
(2)「革命、経済、共和、民主、社会、影響」のような和製新義語
(3)「学校、性質、崇拝、改善、腐敗、完全、薄弱」のような一般語

(1)と(2)は数百語の規模で、名詞性の学術用語が中心である。語形、或いは意味が日本語より搬入されたため「日本語借用語彙」と呼ぶことができよう。(3)は、名詞のみならず、動詞、形容詞、副詞と全品詞にわたって存在し、今日の文化的言語生活を支えている抽象語彙として現代中国語の語彙体系を特徴付けている。千語以上あると考えられるこれらの語は、その多くが中国の古典に見られる文字列であり、意味も古典語と歴然とした断絶が確認しにくい。そのため語源的に「和製漢語」として片付けることができない。しかしそのほとんどは、19世紀末から20世紀初頭にかけて急に動きを活発化させられたものである。その活発化の過程に日本書の中国語訳が強い影響力を発揮したことはこれまでの近代日中語彙交流史の研究で明らかになっている。このような日本語の刺激を受けて二字化が実現したものを「日本語刺激語彙」と呼びたい。

中国語の二字語化現象について、董秀芳氏は「語彙化」という理論で

そのメカニズムを説明しようとしている。いわゆる「語彙化」は、連語が複合語に凝縮していく過程を指しているが、董氏は「緊隣共現」、つまり2つの造語成分が隣り合わせで1つの文字列として使用されることと、「高頻度使用」、つまりある文字列が繰り返し使用されるうちに1語として形成されていくことが、語彙化が発動される重要な契機であると強調している。しかし、そもそも20世紀初頭までの中国の文献において千を超える現代中国語の二字語に関して「緊隣共現」「高頻度使用」という事実が確認できるのだろうか。

　上述の(1)は和製漢語であるため、中国の文献に登場することはなかった。このような日本人による文字列は、中国人にとって意味をなすか否かより前に、正に次節で述べるように、厳復の言う「憲法二字連用、古所無有」、黄遵憲の言う「本系不相比附之字」、樊増祥の言う「古今従不連属之字」であり[3]、「闌入之詞（正しい由緒のない語）」として強く排斥された。(2) (3)は、中国の文献に既存の文字列として存在していたが、その多くは使用頻度が非常に低く、二字語化を引き起こすには十分なインパクトとは言えない。語彙化が、中国語内部のメカニズムによるものだとされる以上は、長期にわたる漸進的な変化過程を必要とするが、しかし言語事実として、それまでに必ずしも語彙化の兆しのなかった数多くの文字列が、19世紀末から20世紀初頭までの僅か十数年間に二字語化が完成したことである。われわれは二字語化がなぜかくも早く実現できたのかを考えなければならない。筆者がさらに指摘しておきたいのは、このような二字語の活発化は、漢字文化圏の諸言語にも見られる近代的な現象で、時間的に日本語、中国語、韓国語、ベトナム語の順に発生したことも近代語彙交流の研究によって明らかになった。そこには当然相互間の影響関係が考えられよう。のみならず、漢字という表記体系が持つ超言語的特徴を示唆する事象も多く存在する[4]。筆者の最近の研究課題は、類型論的に異なる言語に跨がる現象として二字語の近代以降の活発化を記述すると同時にその原因となる言語間の接触による影響を解明

しようとするものである。このような取り組みは、中国語のみならず漢字を使用する（した）漢字文化圏の他の言語の語彙体系の近代化研究にも寄与するであろう。本稿は、中国語の二字語化のプロセスにおいて日本語の影響を追究する初歩的な考察として、19世紀半ば以降、中国でどのような翻訳実践が行われ、読者はいかなる反応を示したかを観察し、今後の研究に与えうる示唆を得たい。また大規模コーパスによる二字語化現象を分析する可能性とその方法についても触れておきたい。

2　近代訳語と語彙の二字語化

　漢籍が日本に伝来した後、漢文を読解する方法として、「訓読」が長い時間をかけて成立した。「訓読」では漢字の発音、文法規則を表す訓点記号が用いられている。漢字の日本化に伴い、発音、声調等を示す訓点記号が、平安時代以降急激に減少する反面、文法規則（語順）を表す返り点、語の単位を示す連字符の使用が大幅に増えた。例えば 8 世紀に成立した『蒙求』は、9 世紀後半に日本に伝わり、平安中期（天暦年間、10 世紀中葉）の加点本において、固有名詞と一部の二字語に連字符が追加された（書影を参照）。

　江戸中期（1730 年代）に蘭学が興り、蘭学者らは漢文体でオランダ語の書物を翻訳することに励んだ。これは漢文が当時の日本社会において唯一の学術言語だからである。しかし、漢文はあくまでも異国の言語であり、漢学者以外、中国の医学書に比較的慣れ親しんでいた日本の漢方医を含め、大勢の読者にとって、漢文の素読は大きな困難を伴う作業であった。そのため、蘭学者たちは翻訳文に読解の手助けとしてよく訓点を付けている。訓点だけでなく、次ページの書影（『『解体新書』1774 の凡例』）に示されているように「翻訳、義訳、直訳、脆軟、軟骨、西洋」等の文字列の間に連字符も付けられていた。これは翻訳者が、これらの

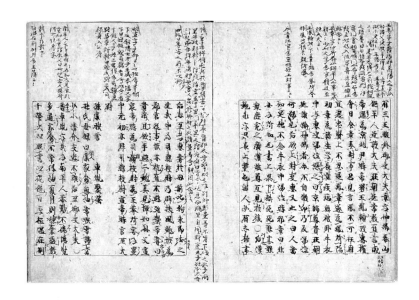

文字列を１つの語として扱おうとしたことの表れである。このように連字符は、読者の正しい理解を保証すると同時に二字一語の複合語意識をも芽生えさせた。

蘭学の翻訳から漢字訳語の作成は、合成法が主な方法となった。複数の造語成分を１つの語に合成して行くには、成分の選択や配列など表現すべき意味に基づく操作が必要である。言い換えれば、意味と語形の間に「理據（理由と根拠）」的なつながりが存在しなければならない。しかしかなりの部分の訳語の場合、意味上の理由は、

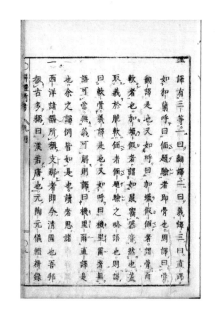

複合語発生の唯一の動機付けではない。訳語がある構造形式を採用することは必ずしも意図する意味とは関係がない。仏典翻訳研究者の朱慶之氏は、「これまでの仏教の外来語に関する考察では、意味だけを対象としており、語形に言及することは稀である」と問題提起をしている[5]。しかし中国語にとって、語形は無視できない重要な問題である。以下、朱慶之の研究成果に基づき、仏教訳語からの示唆を見てみよう[6]。

　朱慶之は、二字語化は、中古中国語の語彙が進化する象徴的な出来事であり、具体的な現象は以下の点に表れている：第一、新しい概念は主に二字形式（binom）で表現する。第二、元々一字で表す旧い概念も二字語の形式を獲得したと指摘している。中国語の二字語化発生の要因としては、それまでの一字語を中心とした語彙体系では、もはや言語使用者の知力、知識水準の向上に対応できなくなり、新語鋳造という手段によって、語彙を増やさなければならないことや、言語社会の生産性や文化の発展によって発生した新しい概念を表現する必要があることなどが挙げられているが[7]、朱慶之は、上記の要因によって引き起こされた変化はいずれも漸進的で、緩慢なものであり、相当長い時間を要する過程であるはずだが、実際には、仏典における二字語の増加は非常に急激なものであった。その背後には必ずほかの原因があるに違いないと考えている。朱慶之はさらに、仏典にみる急激な二字語化現象は、すべて口語的特徴と見るべきではなく、その直接の要因は、むしろ仏典の4字リズム（四字格）と偈頌といった文体から来るものであると指摘している[8]。仏典のこのような独特な文体が、大量の二字語形式を必要とするのに対し、中国語の中にある既成の二字語は、全くその要望に応えることができない。特に訳者個人の言語（idiolect）の語彙体系に十分な二字語の選択に提供することができなければ、新しく創作しなければならない[9]。その際、最もよく用いられる造語法は、並列構造であった。朱慶之は、顔治茂（1984）の『賢愚経』に対する調査結果を引用し、3899個の二字語の中で並列構造の語は2291個に達し、58.8％を占めていると指摘

している。仏典の中にある並列構造の二字複合語の多くは、同義、或いは類義の造語成分によって構成されている。朱慶之は、このような造語法を、「同義連文」と呼んでいる。従って「皆各、皆共、皆俱、皆普、皆悉、都皆、悉皆、率皆」などは、一字の「皆」と同義である。つまり多くの二字語の発生は、厳格に言えば意味からの要請ではない。例えば、「即」と「即便」、「皆」と「皆悉」、「都」と「都共」などの二字形式と一字形式は基本的に同義である。この意味からではなく、韻律上からの要請を満たすため、翻訳者は一字語を二字語に拡張しなければならない。朱慶之は仏典における語彙の使用は散文よりもさらに厳しくその的確性が求められると強調した[10]。

　朱慶之は、多くの中国語固有の一字語は、訳者が臨時的にある種の規則的な方法で、例えば「同義連文」によって、二字語化したと指摘している。しかし訳者の個人語彙ではふさわしい同義の造語成分が見つからない場合も多々ある。その場合、実際の意味と無関係に一部の造語成分が音節拡張に用いられた。「行、取、切、毒、復、為、自」などは、仏典において、主に音節拡張の役割を担う造語成分である。このような成分を、朱慶之は「自由造語成分」と呼んでいる。いわゆる自由とは、このような造語成分が、相当広い範囲内で一字語と自由に結合し、二字語を構成するものを言う。注意すべきは、実際の運用では、自由造語成分は、最初は、主に「同義連文」の補佐的な存在であった。言い換えれば自由造語成分を便宜的に用いて、一字語を二字語に拡張させるということである。しかしこれは自由造語成分が重要ではないということではない。むしろその反対で、すべての一字語は、それと対応する同義の語素を簡単に見つけ、二字語に拡張できるわけではないから、自由造語成分は欠かせない存在である。特に一部の機能辞や副詞は意味的には比較的抽象的で、また単純であるため、同義の語素が限られているので、自由造語成分に頼らざるを得ない[11]。自由造語成分は、言語の自己完結性（self-compensation）の原則を反映している[12]。

このように翻訳者による一時的な造語が行われたが、二字語化は、中国語の韻律上の構造と密接な関係があり、「同義連文」という方法、或いは「自由造語成分」の助けを受け、実現したのである[13]。
　朱慶之が指摘しているように、語彙について言えば、魏晋南北朝の時代に、仏典翻訳は、二字語を産出する巨大な工場であった。仏典翻訳という宏大な文化プロジェクトにより、中国語の語彙二字化が大いに推し進められた[14]。翻訳者は、ソース言語と自言語の両方の造語法の影響を無意識のうちに受け、大量の二字語を作り上げただけではなく、「同義連文」と「自由造語成分」による二字語産出の新方法も確立させた[15]。この方法では、同義の成分や自由造語成分により一字語が二字語に拡張され、二字動詞を含む大量の二字語が創出された。
　朱慶之の研究により、仏典訳語のかなりの部分は意味上の動機付けがなく、文体のリズムを含む中国語の韻律上の要請に応えるべく、発生したことが判明した。また近代の翻訳、ないしその後の言文一致という白話文運動において、翻訳文は仏典の「偈頌形態」という文体から解き放たれても、この種の韻律上の要請は、依然として強く存在している。この点について以下の考察で明らかにしたいと思う。
　日本の蘭訳書は基本的に漢文で訳出されている。日本語の漢字語は、二字語が中心で、訳語も接辞の場合を除けば、基本的に二字語である。一方、中国の近代翻訳には仏典や蘭学の翻訳と同じような字数の問題がなかったのか。大規模な科学技術書の翻訳が19世紀中期から清政府の要望に基づき、西洋宣教師によって始められた。上海江南製造局で翻訳に従事していたフライヤーは、1880年、これまでの翻訳活動を総括して、学術用語の創作を論じる長篇の論文を発表した[16]。フライヤーが打ち出した訳語創作の原則の1つには、「用数字解釈其物、即以此解釈為新名、而字数以少為妙（数文字からなる文字列でそのものを説明し、その説明をもって新しい術語に仕上げる。字数は、少ない方が良い）」というのがある。字数の最も少ない複合語は、二字語である。フライヤーは新し

い漢字を作り出す方法により化学元素の命名を試み、今日の中国の化学元素命名法の基礎を築いた。しかし彼は普通の術語は化学の元素名と違って、複合語の形を取らなければならないことを鋭敏に感じ取っていたのである[17]。

　中国人による訳語創造を見てみよう。『天演論』の翻訳により一躍有名になった厳復は、1902年に『原富』を刊行した。『原富』が出版されるや梁啓超はすぐ『新民叢報』誌上で取り上げた。梁は書評で、厳復訳の文体と訳語に言及した。梁は厳復の文体は「太過淵雅（あまりにも難解である）」と批評する一方、「至其審定各種名詞、按諸古義、達諸今理、往往精当不易、后有続訳斯学之書者、皆不可不遵而用之也（厳氏が定めた各種の術語は、古典中国語に準拠する一方、今日の学術にも合致し、非常に正確である。今後、経済学の書を翻訳しようとする者は、これに従わなければならないだろう）」と厳復の訳語に最大級の賛辞を贈った[18]。ただし梁啓超は唯一厳復の「計学」に異議を呈した。その理由の1つに「計学」の「計」は一字であり、実際の使用に種々の不便が生じるだろうということである。梁啓超は、日本の「経済問題、経済世界、経済革命」などの表現はいずれも「計問題、計世界、計革命」と翻訳することができないと指摘している[19]。梁氏は、訳語の字数問題に関して、厳復に書簡を送り、ただしているところだと言っている。梁の質疑に厳復は後の返信で「中国九流、有以一字称家、有以二字称家（春秋時代の九つの学派は一字の名前の学派もあれば、二字の学派もあり）」、特に不便さがあるとは思わない。訳語は、「単字双字（一字二字）」に拘泥する必要などなく、具体的な事情に合わせなければならない。例えばEconomicsは名詞の場合もあれば、形容詞の場合もある。一律に「計」と訳さなければならないわけではない。これは「化学」は「質学」とも、「幾何」は「形学」とも訳すことができるのと同じ理屈である[20]。「計学」も異なる状況下では「財政、食貨、国計」と訳すことも可能で、正しく意味さえ伝えることができれば良く、従って、Economic Lawsは、「計

学公例」と、Economic Problems は「食貨問題」と、Economic Revolution は「貨殖変革」とそれぞれ訳しても構わないと梁啓超に反論した[21]。

「計学」に限って言えば、造語成分の「学」は接辞的なもので（中国語では「新接辞」と呼ぶ）、複合語の意味に曖昧さをもたらす。例えば「計学改革」は、計学という学問に対する改革なのか、それとも計学が表す社会事象に対する改革なのかは一義的には決まらない（比較「経済改革」vs.「経済学改革」）。なお、ここにさらに深いレベルの問題が孕んでいる。つまり中国語の語は、一定の伸縮性を持つ必要があり、例えば「経」と「経済」が同じ概念を表さなければならない。そうして初めて複合語やより長い単位を形成したり、長い単位を圧縮したりするときに自由に対応することができる。例えば「経済改革」→「経改」のようにである。また同時に梁啓超が指摘しているように、中国語は、「計問題、経世界、計革命」といった三字形式を受け入れられない。厳復は、「計学」で構成した四字語の曖昧さを解消するために、「食貨問題、貨殖変革」を提案したが、「経＝経済」における意味の一致性は、形式的に保証されるもので（いずれも「経」を使用[22]）、「計、財政、食貨、国計」などは形式上の近似性がないため、記憶に負担をかけるだけでなく、1つの概念に複数の名称、1つの名称に複数の訳語という非生産的な結果をもたらすことになり、極力避けなければならないことである。厳復の「計学」の対抗馬として激しい論争を引き起こしたのが、日本で economy；economics の訳語としてすでに定着した「経済（学）」である。「経済」は中国の古典語ではあったが、日本で新しい意味を獲得した言葉である。厳復は日本からの二字術語に批判的な態度を取っていることで知られる。厳復は次のように述べている。

> 「憲法」という文字列は中国の古典になかったものである。我が国の訓詁学では孔子の「憲章文武」について、学者は「憲章」は「法を守る」に近いと解釈している。これにより「憲」は即ち「法」で

あることが分かる。二字を並べて使うことは回りくどい表現になる。今日の新名詞では日本から仕入れたものによくこのような欠点がある[23]。

程なくして黄遵憲も訳語の問題について発言した。黄遵憲は2つの問題を取りあげた。つまり訳語の創製と文章（翻訳文が中心）形式の改革である[24]。黄氏は、訳語創製について「造新字、假借、附会、謰語、還音、両合」等の方法を提案した。黄遵憲は訳語の問題を解決するには「誠莫如造新字（新しく漢字を作り、訳語とするのが最善の方法である）」と指摘しているが、しかしこれは「中国学士視此為古聖古賢専断独行之事（中国の読書人はこれ［文字創作］を古の聖賢にのみ許されることと見なし）」であり、「坐之非聖無法之罪（古の聖賢に無礼を働く罪）」を恐れ、挑戦しようとする人がいない。「附会、還音、両合」は、音訳語についての議論である。少し詳しく説明すれば、「附会」は、意味はないが、発音の近い字を選び、「而附会之」、新しい意味を与える方法であり、「還音」は、「凡訳意則遺詞、訳表則失里（意訳するのに適当な言葉がなく、字面を訳せば中身を失う）」という原語に対し、音訳の形を選択することであり、「両合」は、2つの漢字の連読で外国語の発音に近づける方法である。しかしその中の「謰語」は注目に値する方法である。いわゆる「謰語」は、即ち複合語を作ることである。黄遵憲が提示した下記の例はいずれも仏典翻訳より採用した語である。黄氏は次のように述べている。

　　一字で理解できれば一字を使い、一字では理解できなければ二字を使う。つまり連語を使わざるを得ない。仏典において道徳を論じる時の「慈悲」、学問を論じる時の「因明」、出事を叙述する時の「唐捐」などは、元々一緒に並べて使う文字ではなかった。しかし長い間使用したので、無理に付き合わせたものであることを忘れた[25]。

「単喩、兼喩」は荀子に由来した言葉である。つまり黄遵憲は複合語の誕生は必ず意味上の動機付けがなければならず、「兼」（二字）でなけ

れば「喩」(理解) できない時に限るべきだと考えている。この観点からすれば仏典の中にある一部の文字列は「喩」と関係がないので、「強湊」と言わざるを得ない[26)]。しかし呉稚暉は日本製の新語訳語が「強湊」であるとは考えていない。

  日本語の単語は元々仮名を使用している。動詞、形容詞はほとんど漢語を使用しない。漢語を使用するのは二字語のみである。例えば「提挈」、「経験」、「繁華」、「簡単」などである (二字動詞、形容詞は、中国人はすでに慣れていたので、ただ冗長表現と見なしていただけである。実は場合によっては二字でなければ意味を伝えることができない。名詞が単音節だけではだめなのと同じく、動詞、形容詞も単音節だけではいけないのである)[27)]。

呉稚暉は日本語の中の二字語はすべて「掉文」(文才を見せびらかす。厳復の言う「于辞為贅」) ではない。「有時非双用不能達意」なためである。呉氏の「二字でなければ意味を伝えることができない」とは、どういう意味であろうか。呉氏があげた例語は、いずれも、並列構造の複合語である。一字と二字の間に意味の違いが認められない。呉氏はまた中国語の名詞は一音節 (一字) だけに限定することができず[28)]、同様に動詞、形容詞も一音節に限定することができないと言っている。ただし呉氏は、名詞と用言 (動詞、形容詞) とが互いに韻律面から来る制約で縛り合うかどうかについて言明していない[29)]。

ほぼ同時に王国維も日本と中国の訳語の創出においての大きな相違点は、「日本人多用双字、其不能通者、則更用四字以表之、中国則習用単字、精密不精密之分、全在于此 (日本人は二字語を多用し、それでも意味が通じないものは四字語で表現するが、中国は一般的に一字語を用いる。精密か否かの区別はほかでもなくここにある)」と指摘している[30)]。従って訳語の「精密さ」は、「則固創造者之所不能逮 (もとより中国の厳復らが及ばない)」であり、「創造之語之難解、其與日本已定之語相去又幾何哉 (厳復らが作った訳語の難解さは、日本で定着した訳語との間に

大きな差がある)」とある[31]。こうなれば二字語化は、「精密さ」を追求した結果となり、「喩」か「不喩」かの問題ではなくなったのである[32]。

胡以魯は、論文「論訳名」の中で、次のように指摘している[33]。

> 外国語の一語に、中国語でそれに相当する一字の語がなければ、数文字を集めて訳出するのがよい。中国語にない概念を漢字一字で付会させるのは、非常に難しい上、十分に意味を伝えられない。中国語には多音節化する傾向があり、科学の文章では、一字の術語は不便である。
>
> 例えば、Economy を「理財」と訳すのは、財政に意味が偏ったことを否定できないが、「計学」の「計」は単独で使用する場合、不便で、「生計」のほうがよい。

つまり胡氏は、一字形式の学術用語について、否定的な見方を持っていたのである。胡氏は、論文の最後に荀子の「参而成文、名之麗也」という言葉を引用し、「无其名者骈集数字以成之」と主張した。つまり正確な一字の訳語がない場合、数文字を集め、複合語を作るべしということである。胡以魯はまた「国語発展有多節之傾向（中国語には多音節化する傾向がある）」ことについても論じ[34]、これは中国語二字化現象に関する討論の濫觴である[35]。

『国語学草創』の最後に、胡以魯は、「新事物之名称及表彰新思想之語詞、勉用複合語詞為之、不須作新字。外語亦勉用義訳、[惟無義之名如人名地名或新発明物之以専名名者自取音] 日人義訳語詞于漢文可通用者用之、否則改之。」（新事物の名称や新思想を表す術語は、努めて複合語をもってあて、新しい字を作成するには及ばない。外国語を取り入れるときもできるだけ意訳を用いる、[但し意味のない人名地名、或いは新しく発明されたものの固有名詞などはその発音を採用する] 日本人が意訳した語は、中国語で通用するものはそれを使うが、通用しないものは改める）と指摘している[36]。

3　新しい研究法を求めて

　19世紀以降の中国語二字語化現象を解明するには、どのような方法が期待できるだろうか。これまでの語源探究は、かつて中国の文献になかった「緊隣共現」の文字列が如何に日本語の影響により、新語として中国語に借用されたかを究明することができる。しかし使用頻度の増加により二字語化のプロセスが活発化させられたという仮説をどのように証明するのか。大規模な近代文献コーパスがその可能性を提供している。例えばグーグルは大量にスキャンした書物のデータを利用し、キーワード検索を提供し始めた。Ngram（https://books.google.com/ngrams）である。下図は Ngram で「権利、権力、義務」を同時検索した結果である。

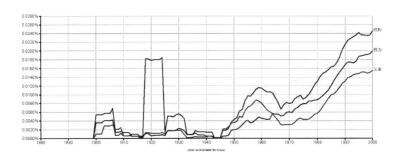

　この図からは、3つの検索語はいずれも 1900 年直前から用例が現れ、「権利」「義務」「権力」の頻度順で使用されていた。1920 年代を挟み「権利」の頻度が突出したが、1960 年代半ばで「義務」と「権力」の頻度が逆転したことが読み取れる。次の図は、「銀行、保険、資本」を同時検索した結果である。

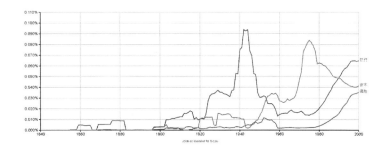

　この図から「銀行」も「保険」も早い時期から用例があったが、「保険」の使用頻度はずっと低調で、1980年代に入って初めて急上昇したことが確認できる。ただしグーグルのNgramに関しては、そのデータの内部構造、つまり収録されている書物の量、ジャンル、分野、話題が近代語研究の目的に沿うものかどうかが必ずしも明らかではない。現状ではNgramの検索結果により導き出されたいかなる結論も、保留にせざるを得ない。一方、Ngramほど便利ではないが、多くの文献データベースが提供されている。近代語研究に『申報』全文検索データベース（北京愛如生。同社はほかに更に100種類以上の近代刊行物のデータベースを販売中）、『東方雑誌』全文検索データベース（商務印書館）の他に、『万国公報』『大公報』もまもなくリリースされると聞く。手動計算によるが、これらのデータベースでNgramより精度の高い語彙研究ができる。次の図は、「積極、消極、保守、主動、被動、進歩、進取、落後、文明、文化、野蛮、革新、改良、改革、発展、発達、開放、歴史」という進歩史観に関連するキーワードについて『申報』で1872-1921年間の使用頻度を調査した結果である。

　1904年前後から「改良」と「文明」が最も顕著な増加を見せているが、「発達」「進歩」「積極」も上昇カーブを描いている。このようなビッグデータ（大数據）と呼ばれるデータベースを利用することにより、ある語の初出、意味用法の変遷のみならず、使用頻度の変化も捉えられ、語の普及と定着の様子を観察することができる。

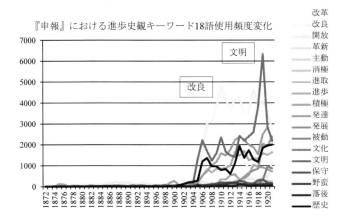

4 結び

　よく整備された大規模データベースは、ケーススタディーとしての語源探究、概念史研究に強力なツールを提供できることは、上述の通りである。またこのような個別研究の成果の蓄積は近代語彙体系の形成に関する研究にも寄与するものであろう。下図は、『申報』全文検索コーパスで現代中国語常用二字語100語について行った頻度調査の結果の概略である。

　1900年以前に使用例が確認できる語に、「銀行、電報、資本」などごく少数しかなかった一方、殆どの語は1904年前後から急激に増加し、ターニングポイントを迎えたことが分かる。「緊隣共現」も「高使用頻度」も突如として発生した1904年前後は、中国社会の激変に加え、日本書（日本の新聞記事等も含め）の大量翻訳の時期でもある。

　今後、このような調査を現代語彙1,000語規模に広げ、『申報』以外の近代文献コーパスでも実施したい。

　中国語語彙体系の近代化に2つの特徴がある。一、新しい概念は、二字語で訳出する；二、既存の概念を表す一字語は、同義の二字語（群）

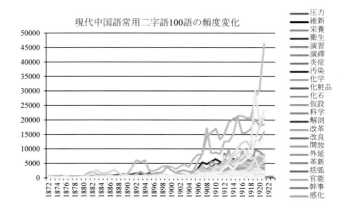

を獲得するということである。対して、日本語語彙体系の近代化は、一、新しい概念は、二字漢語で表現する；二、既存の概念を表す和語は、同義の二字漢語（群）に関連づけられなければならないということである。日中両語彙体系は、二字漢語という点において共通性がある。以上は、筆者の基本的なとらえ方である。今後、具体的な語例を通じて二字語獲得のプロセスを検証していく予定である。また日中だけではなく、韓国語、ベトナム語まで考察の範囲を広げていく必要を感じている。

付記　本稿は、『環流する東アジアの近代新語訳語』（沈国威・内田慶市編、ユニウス 2014、303-318 頁）に掲載された「近代新語訳語と中国語の二字語化――日本語の影響作用を中心として」を大幅加筆したものである。なお、本稿には日本科学助成金：基盤研究（C）（一般）（H27〜H29）「現代中国語への道程：語彙二字語化における外部誘因、特に日本語の影響に関する研究」の段階的成果が含まれている。

注
1) 中国語では漢字と音節が 1 対 1 の関係にあり、「二音節化」と呼ばれる。
2) 日本 2010〜2012 年度科学研究費補助金、課題：「中国語の近代「国語」への進化に関する総合的研究：欧化文法と日本語の影響を中心に」、課題番号 22520449。
3) 厳復「憲法大義」、王栻主編『厳復集』、北京：中華書局 1983 年、第 2 冊、

238頁;黄遵憲「黄遵憲厳復書」、王栻主編『厳復集』第5冊、1,571～1,573頁;樊増祥「批学律館游令拯課卷」、『樊山政書・卷六』、北京:中華書局2007年161頁。
4) 例えば日本語も韓国語も中国語と同じく、「*訪韓国」のような表現が許されない。
5) 朱慶之「過去在探討仏教的外来詞時、僅触及詞意、鮮少論及詞形。」「論仏教対古代漢語詞彙発展演変的影響下」、『普門学報』、2003年、16期、3頁。
6) 本節での討論は、主に朱慶之氏の以下の研究成果に基づく。『仏典與中古漢語詞彙研究』、台湾文津出版社、1992年;「仏教混合漢語初論」、収朱慶之編『仏教漢語研究』、北京:商務印書館、2009、原刊『語言学論叢』、第24輯、商務印書館、2001、1～32頁;「論仏教対古代漢語詞彙発展演変的影響上・下」、『普門学報』、2003、第15期1～41頁、16期1～35頁。
7) 朱慶之『仏典與中古漢語詞彙研究』、124～125頁。
8) 朱慶之『仏典與中古漢語詞彙研究』、131頁;「仏教混合漢語初論」、19頁;「論仏教対古代漢語詞彙発展演変的影響下」、2頁。
9) 朱慶之『仏典與中古漢語詞彙研究』、31頁。
10) 朱慶之「論仏教対古代漢語詞彙発展演変的影響下」、1頁。
11) 朱慶之『仏典與中古漢語詞彙研究』、138頁では、「実語素」と呼んでいる。
12) 朱慶之『仏典與中古漢語詞彙研究』、132頁。
13) 朱慶之「仏教混合漢語初論」、15頁。
14) 朱慶之「論仏教対古代漢語詞彙発展演変的影響下」、3頁。
15) 朱慶之「仏教混合漢語初論」、19～20頁。
16) 英語バージョンは North China Herald, 1880.1.29日付に掲載、中国語訳は、『格致彙編』1880年春季号から連載している。
17) 沈国威『近代中日詞彙交流研究――漢字新詞的創制、容受與共享』、134～136頁;沈国威「西方新概念的容受與造新字為訳詞:以日本蘭学家與来華伝教士為例」参照。
18) 梁啓超「紹介新著・原富」、『新民叢報』1902年、第1号1頁。
19) 梁啓超「且単一名詞。不便於用。如日本所謂経済問題経済世界経済革命等語。若易以計問題計世界計革命等。便覚不詞」、『新民叢報』第8号1902年「問答」、2頁。
20) 実は、中国語は未だに名詞を形容詞に変える形式上の手段を持っていない。この問題に関して、ここでは深入りをしない。
21) 厳復「来教謂仏経名義多用二字、甚有理解。以鄙意言之、則単字双字、各有所宜。譬如 Economics 一宗、其見于行文者、或為名物、或為区別。自当随地斟酌、不必株守計学二字也。此如化学有時可謂物質、幾何有時可翻形学、則計学有時自可称財政、可言食貨、可言国計、但求名之可言而人有以喩足矣。中国九流、有以一字称家、有以二字称家、未聞行文者遂以此窘也。EconomicLaws 何不可称計学公例？Economic problems 何不可云食貨問題？即若 Econcmic

Revolution 亦何不可言貨殖変革乎？故窃以謂非所患、在臨訳之剪裁已耳。」『新民叢報』第1号、1902年2月8日、113 〜 115 頁。厳復の翻訳文体に関する議論は、沈国威「従『天演論』到『原富』：以厳復呉汝綸的信札為素材的考察」(『翻訳史研究』、2013年、190 〜 207 頁)を参照されたい。『厳復集』第3冊、518 頁。厳復返信の要旨は『新民叢報』第12期(1902年、壬寅三月)に掲載されている。
22）このような韻律上の調整について、筆者はとりあえず「形態変化」とは呼ばないことにする。王麗娟「従"大批判"與"很大批判"的対立看単双音動詞的句法功能」、『中国語学』、260 号、2013 年 40 〜 53 頁。
23）厳復「按憲法二字連用、古所無有。以吾国訓詁言仲尼憲章文武、注家云憲章者近守具法。可知憲即是法、二字連用、于辞為贅。今日新名詞、由日本稗販而来者、毎多此病。」『厳復集』第 2 冊、238 頁。
24）文体について、黄遵憲はいくつかの技術的な提案しかしなかったが、例えば改行、括弧を使用、ナンバーリング、図表、注釈を加える等である。ただし同時に厳復の「文界無革命」という主張に対し、はっきりと文体も改革しなければならないと主張し、「如四十二章経、旧体也。自鳩摩羅什輩出、而行矣。本朝之文書、元明以後之演義、皆旧体所無也。而人人遵用之而楽観之。文字一道、至于人人遵用之楽観之足矣。(「佛説四十二章経」は旧い文体である。鳩摩羅什が現れた後、その文体が一般に流行した。本朝の文書や元明以降の演義体は、いずれも旧い文章の体裁になかったものだが、いまは誰もが喜んで使っている。文章というものは、みんながルールに従って書き、喜んで使えばよい)」と指摘している。『厳復集』第 5 冊、1571 〜 1573 頁。
25）黄遵憲「単足以喩則単、単不足以喩則兼、故不得不用謰語。佛経中論徳如慈悲、論学如因明、述事如唐捐、本系不相比附之字、今則沿習而用之、忘為強湊矣。」
26）いわゆる「強湊（無理矢理付き合わせる）」は、中国語の並列構造の複合語を指す。並列構造は、2つの意味の同じ（近い）、或いは反対の造語成分によって構成された複合語である。語の意味の「精密性」に語の形成理由を求める論者が多いが、実は並列構造では2つの構成要素がすべて語の意味に貢献するものではない。つまりこのような語が作られたのは、意味上の要請によるものではなく、中国語の韻律制限、品詞転換（並列構造の語は高い名詞性を有している）、及びその他の理由によるものである。並列構造は、現代中国語語彙体系において最も顕著な特徴の1つで、高い生産性を持っている。
27）燃（呉稚暉）「和訓之字、本用假名。動状各詞、大都不用漢文。用漢文者、惟双迭之詞、有如「提挈」、「経験」、「繁華」、「簡単」之類耳（双迭之動状詞、漢人習焉不察、僅目之為掉文而已。其実有時非双用不能達意。即此可見名詞固不能専用単息拉勃矣。而動状等詞、亦未嘗能止用単息拉勃也)」「書『神州日報』『東学西漸』篇後」、『新世紀』1909年、第 101 〜 103 期、収『辛亥革命前十年間時論選集』第 3 巻、三聯書店、473 頁。
28）厳復も中国の字書は、「雖然其書釈義定声、類属単行独字、而吾国名物習語、

又不可以独字之名尽也、則于是有『佩文韻府』以済其窮」とある。『英華大辞典』（商務印書館、1908年）序文。
29）現在では、両者間は韻律によって制限し合っていることが判明した。つまり二字の学術用語に対して、二字の動詞、形容詞が必要とされる。馮勝利『漢語書面用語初編』、北京言語大学出版社、2006年。
30）王国維が言っている中国の訳語は、実は厳復の訳語を指している。
31）王国維「論新学語之輸入」、『教育世界』第96号、1905年4月。収『王国維遺書』巻5『静安文集』、上海古籍書店1983年版、葉97上～100下。句読点は筆者による。
32）筆者は、「喩」が概念理解上の問題で、「精密」は、語の区別性の問題と考えている。いわゆる「区別性」は、1つの語を他の語と区別させ得ることである。「精密」は、往々にして概念に対する精密描写（例えば王国維）と理解される。しかし、近代以降活発化した二字動詞、形容詞の多くは、同義語群において概念描写の精密さに貢献していない。例えば、「改良、改善、改進、改革；細小、微小、渺小」など。この問題について筆者は別稿を用意している。
33）胡以魯「彼方一詞、而此無相当之詞者、則并集数字以訳之。此土故無之術名性以一詞相傳会、不惟勢有所難、為用亦必不給。況国語発展有多節之傾向。科学句度以一詞為術語亦甕跛不便乎。例如［愛康諾米］（Economy）訳為理財、固偏于財政之一部。計学之計字、独用亦病跛畸。不若生計便也。」「論訳名」。沈国威「訳詞與借詞：重読胡以魯"論訳名"」、『或問』第9期、2005年、103～112頁。
34）胡以魯『国文法草創』、1913年。
35）沈国威「双音節化與漢語的近代演進：胡以魯"漢語後天発展論"的啓示」、『或問』24号、2014年139～154頁。
36）胡以魯『国語学草創』、124頁。［ ］の中は割り注である。

表記体から文体へ

乾　善彦

はじめに

　日中の言語接触をテーマとして、以下の報告によって、日中の言語接触が、中国からもたらされた膨大な漢籍や仏典という「書かれたもの」を媒介としてあったこと、それを漢文訓読という装置で理解することから生じたものであって、自然な言語接触とは一風かわった接触であったことを明らかにした。

　「日本語と中国語の接触がもたらしたもの」（日本語学 29-14、2010.11）

　『歴史言語社会学入門』「第5章　中国語と日本語の言語接触がもたらしたもの」（高田博行、渋谷勝己、家入葉子編、2015、大修館書店）

　また、今回の研究期間においては、漢文訓読による言語接触が日本語にもたらしたもっとも大きな現象として、和漢の混淆による日本語書記用文体の獲得があったことを、上代語資料の扱いの中で多角的に検討し、その成果をまとめて、『日本語書記用文体成立の研究 ── 表記体から文体へ ──』（2017.3予定、塙書房）の一書を編んだ。さらに、それまでに論じきれなかった、主に理論的な枠組みを、以下の論考によって提示した。

　「「和漢混淆文」と和漢の混淆」（国語と国文学 93-7、2016.7）

　「借用語の歴史と外来語研究 ──「漢語」と「翻訳語」をめぐって

——」(日本語学 35-7、2016.7)

「漢文訓読という言語接触」『文化交渉学のパースペクティブ——ICIS 国際シンポジウム論文集——』(2016.8、関西大学出版部)

しかしながら、その間、理論的な枠組みについて、

木田章義「狸親父の一言——古事記はよめるか——」(国語国文 83-9、2014.9)

毛利正守「上代における表記と文体の把握・再考」(国語国文 85-5、2016.5)

の二篇の論争は、共通の理解がいかに難しいかを露呈した形となった。立場の違いといってしまえばそれまでなのだが、前著『漢字による日本語書記の史的研究』(2003、塙書房)以来、文字とことばとの関係について、理論的な枠組みを考えてきた筆者にとっては、一抹の寂しさを禁じ得ない。

そこで、すでに述べてきたことと大幅に重なりはするが、文字とことばとの関係から出発して、「表記体」という概念を導入することで、古代文献を厳密に理解することができること、漢文訓読によって和漢の混淆がさまざまの場面で生じ、多様な表記体を生み出したこと、さらに、仮名の成立によって、変体漢文という表記体から、日本語書記用文体が成立すること、などのあらましを確認して、筆者が意図するところの、基本的な立場を明らかにしておきたい。その思考の形成過程は、ちょうど本共同研究の実施期間に相当する。本稿をこの間の報告として提示して、諸賢の批正を仰ぐものである。

1　言語研究における文字研究の位置づけ

　言語(langue；language)にとって、書記(écriture；writing)は決して必須の要素ではない。書記の習慣をもたない言語は、地球上にい

くらでも存在する。身近なことでいえば、われわれが日常生活で使う方言も、基本的には書記の習慣をもたないといってよい。

　言語と書とは二つの分明な記号体系である；後者の唯一の存在理由は前者を表記することだ；言語学の対象は，書かれた語と話された語との結合である，とは定義されない；後者のみで対象となすのである．（小林英夫訳『一般言語学講義』（1940、岩波書店）初訳1928、岡書院、引用は改版第1刷、1972；40、原文は F. de Saussure "Cours de linguistique générale"（1916, Paris: Payot & Rivages））

　Langue et écriture sont deux systèmes de signes distincts; l'unique raison d'être du second est de représenter le premier; l'objet linguistique n'est pas défini par la combinaison du mot écrit et du mot parlé: ce dernier constitue à lui seul cet objet.

（Saussure 1916：45）

ここに掲げたソシュールの言に従えば、言語と書記とは、まったく別個の体系である。書記は言語を書きあらわすことによって、書記（書かれたもの）として成立するが、それは書記であって、言語そのものではない。言語と書記とは、明確に区別する必要がある。

　しかし、ソシュールも「後者の唯一の存在理由は前者を表記することだ」と述べたとき、書かれたものの背後にある「ことば」が、実はきわめて不安定なものであることには気づかなかったに違いない。表音文字によって書くことで、「ことば」を書きあらわすことと、書かれたものが「ことば」をあらわしているということとが、不可分に結びついている環境の中で、漢文訓読のように、書かれたことばと読まれることばとが、まったく別の「ことば」である場合を想像しえたであろうか。

　ソシュールのみならず、日本の従来の研究においても、書かれた文字列がことばと不可分に結びついているという幻想は持ち続けられていたようにおもわれる。従来、古代語の文体の分類とされていたものが、実

際は、表記体の分類でしかないことを明確にしたのは、沖森卓也『日本古代の表記と文体』(2000、吉川弘文館)であった。沖森は旧稿で文体の分類としていたものを、一書にする際に表記体の分類とした。従うべきである。沖森がこのように文体の分類を破棄するまで、変体漢文とよびならわされてきた正倉院文書の日用文書や古事記のような表記体が、ひとつの文体と考えられてきたのである。

　記紀万葉が、古代漢字専用時代の資料のすべてであった時代があった。仮名書きやヨミの確定できる部分でしか、古代語の「かたち」がわからない以上、当然のことであった。そしてその状況は今もかわらない。木簡資料の量が飛躍的に増大したのに比べて、ことばの「かたち」のわかる資料はそれほど増大したわけではない。ただ、木簡や正倉院文書によって官人たちの日用の言語生活、文字生活が明らかになるにしたがって、考えられることが増えたことはたしかである。これについては、別稿「古代日本語書記史の可能性」『日本語史叙述の可能性』(2016、ひつじ書房)に詳述したので参照願いたい。そこでも述べたことだが、古代漢字専用時代にあっては、むしろ、表記体を中心に考えることが、より重要な視点となるのではないかと思量する。これについて、「表記体」という用語が「書記・表記・表記法」などと、混同されているのではないかと思われるふしがないではないので、本稿では「表記体」という概念と「文体」という概念を定義するかたちで、日本語の書記史が、文体の歴史記述にどのようにかかわるかについて、従来の考え方を整理しておきたいと思う。

2　古代漢字専用時代の「表記体」

　日本語を書くときの方法が書記法、あるいは表記法であり、書かれた文ないし文章の全体の表記のスタイル(様式)が「表記体」である。ソ

シュールが明確にふたつの体系ととらえた、「言語」面でのスタイルを「文体」として、それに対応するかたちで書記面でのスタイルを「表記体」ととらえるのである。したがって、これは表記ないし表記法、用字ないし用字法のいいではない。（これについては、佐野宏「萬葉集における表記体と用字法について」（国語国文 84-4、2015.4）を参照）

　表記の問題が、「ことば」の問題と分けて考えられ、決して文体の問題に対して下位に位置づけられるものでない以上、古代漢字専用時代の「ことば」を直接あらわさない、つまり、表音的でない資料が、表記の問題としてしかとらえきれないのは、自明のことである。われわれがそこに「ことば」を読み取るには、資料面からも技術面からも、そして理論面からも多くの問題を抱えており、現状では古代日本語の「文体」を議論するには無理がある。かめいたかしが60年近くも前に「古事記はよめるか」（『古事記大成言語文字篇』（1957、平凡社）のち『日本語のすがたとこころ（二）』（1985、吉川弘文館）所収）と問いかけた状況は、現在でも大きくかわることはないのである。漢文や変体漢文がどのような「ことば」といかに対応するのかといった議論ができるだけの環境が整わない以上、文体を求めようとしても、不毛の議論を重ねるだけである。表記体として議論するのが生産的なのである。（ちなみに、これは決して表記だけを考えて、文体を考えないでもよいというのではない。表記でしか考えられないから、まず、できることをするという意味である。現状において、文体は議論しえないというだけのことである。古代語を考えるものにとって、「ことば」を考えないというようなことはありえない。書記とことばとを厳密に区別すればするほど、そのように考えられるのであり、まさに「表記と文体とを混同してはなるまい」（毛利正守「上代の作品にみる表記と文体――萬葉集及び古事記・日本書紀を中心に――」（古事記年報52、2000.1））とおっしゃるとおりなのである。）

　漢文という中国語文でさえも、じつは中国語で読むことをもとめず、

また、中国語で書かれているともいえない場合のあることが、漢文訓読という現象のなかで明らかにされつつあり、だとすると、そこにどのような「ことば」をあらわすのかという、ソシュールのいう書記の唯一の存在理由が明らかでなくなってしまうのである。究極に考えれば、漢文でさえも「ことば」の表現ではなく、「文字による」表現でしかないことになる。それほど、漢字による書記は（中国語のように表音文字としての機能を兼ね備えた表記でないかぎり、つまり、中国語でヨマないかぎり）、「ことば」とは離れた位置にある。とくに、日本における漢字のように、一字に多くのヨミが可能な場合には、ひとつの文字列は幾通りものヨミの可能性をもつのである。それは漢文とて例外ではない。日本における漢文は、もはや中国「語」文ではない。したがって、古代日本語の書記において、漢文と非漢文とは、文体の問題ではなく、表記体の問題としてしかとらえられないのである。（これは拙稿「古代語における文字とことばの一断章」（『国語文字史の研究十二』、2011.3）でも述べたし、木田章義「狸親父の一言——古事記はよめるか——」（国語国文83-9、2014.9）にも、述べられている。これに対して、漢文と非漢文とが「文体」の問題であって「表記」の問題ではないとする意見もあろうが、それは書かれた「ことば」がわからない以上、水かけ論にしかならない。木田が西河原森ノ内遺跡出土木簡の文章を漢文化したものについていえば、木簡を訓読した「ことば」を、そのまま正格の漢文として表記することもできたし、そうでなく変体漢文として木簡のように表記することもできた。徳島県観音寺遺跡出土論語木簡のように、論語の読み下し文に従ってあやまった論語の文章を書くのと、基本的にはかわらないのである。）

　以上のように考えて、かつて、古代漢字専用時代の書記法について、次のような図式を示したことがある（上代文学会秋季大会研究発表会「木簡の歌と万葉歌」（2009.11.15、於　慶應義塾大学三田キャンパス）発表資料）。

【漢字による日本語の書記法】
漢文（中国語文）を積極的に意図する　漢文という表記体
漢文（中国語文）を積極的には意図しない
　　表語的な書記法　変体漢文という表記体
　　　　　　　　　　（表語的であるかぎりにおいて漢文に連続、漢文的措辞を含む）
　　表音的な書記法　仮名書という表記体
　　　　　　　　　　（日本語語形に還元できるかぎりにおいて日本語文）
　　〜漢字仮名交じりと仮名漢字交じりとで両者は連続する
【万葉集での表記体】
漢文を意図する　（漢文—詞書・散文部分・漢詩）
漢文を意図しない
　　表語的な書記法　（変体漢文—訓字主体）
　　表音的な書記法　（仮名書—仮名主体）
　　〜中間的なものとして漢字仮名交じりと仮名漢字交じり
【散文の表記体】
漢文を意図する　（漢文—日本書紀・常陸国風土記など）
漢文を意図しない
　　表語的な書記法　（変体漢文—古事記・正倉院文書など）
　　表音的な書記法　（仮名書—仮名文書）
　　〜中間的なものとして播磨国風土記や日本霊異記（漢文と変体漢文とのあいだ）や宣命書きなどの仮名交じり（変体漢文と仮名書とのあいだ）

　第一の【漢字による日本語の書記法】で漢文を積極的に意図するか、そうでないか（漢文への指向は当然ありながら）は、漢文と変体漢文との違いを念頭に置いたものであり、前者を「漢文という表記体」というのは、今述べたように、古代日本における書記の場合、「ことば」は常

に複線的（音読と訓読）にあり、決して「ことば」の問題（つまり「文体」の問題）としてはとらえきれないからである。

【万葉集での表記体】についても、漢文を意図する、漢文を意図しないを「文体」の相違とする考え方も示されているが、これとてわれわれが知ることのできるのは、表記としてのみであり、そこに「ことば」を読み取ることはできない。したがって、「それ（乾注、「表記」の問題）よりも上位概念としてある「文体」を視野に入れる」（前掲毛利古事記年報論文）ことは、現状では不可能なのである。漢文体という「表記体」を考えるしかない。それでも、なお、「文体」の問題であるといいうるのならば、そこに読み取るべき「ことば」が、中国語なのか日本語なのか、日本語なら漢文訓読的なことばなのか和文的なことばなのか、あるいはそれ以外の、さまざまに考えうることばのひとつなのかを示すことが必要である。それは語彙的に漢語を音読語（あるいは字音語）とするか訓読語（あるいは翻読語）とするかといった問題では決してなく、文章を構成する「ことば」（音に還元できることが前提）のスタイルを明らかにするというのでなければならない。

木田論文への反論として、毛利正守「上代における表記と文体の把握・再考」（国語国文85-5、2016.5）では、「書記における日本語」について説明されているが、依然、その意味するところはわかりにくい。「書記された日本語」（書かれたもの）ということなのか、「書記するための日本語」（書きことば）なのか。前者ならば書記の問題であり、後者ならば言語の問題である。あるいは、日本語を書記する行為をいうことも考えられる。しかし、これが文体（ことばのスタイルのいい）とどうかかわるのか、文体があくまでも「ことば」にかかわるものであるかぎり、「書記における」は、やはり書記の問題であるとしかいいようがない。万葉歌の中に「可死」（⑯3885、全56句中に一か所だけある返読方式の例）とあるのを例にして、「古今を通して口頭の日本語では「べししぬ」の語順はあり得ることではないと考えられるとき、「可死」は「書記に

おける日本語」となったということであり」（44頁）とされるあたりが「書記における日本語」をよく説明されている部分だと読んだが、これは表記の問題であり「日本語」の問題ではない。日本語としては「しぬべし」しかありえず、全体として返読方式がとられていない中に一か所だけ漢文的に（漢文としてではなく）返読方式で表記しただけのことである。話しことばであろうと書きことばであろうと、それを書記することは、書記の問題なのでありことばの問題ではない。したがって、「書記における日本語」という用語は、「書きことば」あるいは「書くための日本語」というのでないかぎり、矛盾概念とならざるをえない。「書記における日本語」はやはり、書記の問題であって「ことば」の問題としてはとらえきれないというのが、感想である。逆にいえば、毛利の提唱する「倭文体」という用語も、表記体の分類として漢文体に対立するものとして理解するならば、そこにこの名前を与えることの意義は別として、納得はできるのである。

　万葉集とは別に【散文の表記体】を立てたのは、「ウタ」という文体と「散文」という文体を立てることは可能であり、今のところ、文体差としてとらえうるのは、この差異がもっともわかりやすいからである（散文というような文体が古代に成立していたかどうかは別として）。そして、その両者にまたがるかたちで、あるいは対応するかたちで、古代の表記体を考えたかったからである。

3　古代漢字専用時代の「ことば」の諸相

　拙稿「古代における書きことばと話しことば」『話し言葉と書き言葉の接点』（2014.9、ひつじ書房）では、当時に用いられていた「ことば」を、現代におけることばの変異と場面とから、いくつかの側面を考えた。結論的には、日常生活における「生活のことば」（私的なことば）、律令

官人たちの日常業務の場で用いられる、漢文訓読的な要素の多く交じった「日常業務のことば」(社会的なことば)、そして、口承で語り継がれてきた「カタリのことば」の三種類が考えられた。「生活のことば」は書きとめる必要はほとんどない。したがって、これを書く習慣はなかったと思われる。現代でもその状況は変わらない。もし書かれるとすれば、ウタのことばであったろう。「日常業務のことば」は書かれる必要がある。それが正倉院文書にのこされた日用の文書であり、木簡に残されたさまざまの「ことば」である。しかしながら、これらの資料から「ことば」を求めることは極めて困難であるのは、先に述べたとおりである(拙稿「正倉院文書請暇解の訓読語と字音語」『国語語彙史の研究三十』(2011.3、和泉書院))。「カタリのことば」も基本的には書かれる必要はなかった。口承されるのが基本だったからである。ところが、律令制の体制を整える段階で、口承の伝承を集めて記録することが求められた。歴史書の編纂と地誌の編纂、そして歌集の編纂とである。そこで書くことが必要とされたとき、すでに日本語はいくつかの書記法を獲得していた。そこで太安万侶が古事記序文で言及するような、選択の決断が必要だったのである。漢文という方法(漢字の正用)をとらず、仮名書きという方法(日本語としてよめるように書く方法)をとらず、日用の書記法である変体漢文の方法を工夫することで、多様な日本語情報を一書の中に、その場に応じて押し込めたのである。安万侶が文字に押し込めた「ことば」は、阿礼のカタリのことばそのものではなく、おそらくそこには多様な日本語があったものと思われる。ひとつの統一的な文体をもつような日本語ではなかったと思われるのである。

　書かれたものからわかる「ことば」のスタイルについて、もう少し考えてみよう。記紀万葉を資料の中心としていた時代から、考えられてきたウタと散文との差異は、当然、考えうるもっとも大きな差異であろう。ただし、それは散文という書きことばが、成立していたということを前提とする。ウタの表現については、ツルに対するタヅといったウタこと

ばらしきものが、以前から指摘されており、定型・非定型をとわず、韻律ないし音数律をもった言語表現であると規定できよう。そして万葉集歌と記紀歌謡などがこれに該当する。これに対して散文の「文体」を規定できるような痕跡は、古事記仮名書き部分と正倉院に残された二通の仮名文書とに、わずかに残るのみである。

　正倉院仮名文書については、奥村悦三の一連の研究があり（はやいものとして、「仮名文書の成立以前」『論集日本文学・日本語　上代』(1978、角川書店)、同「仮名文書の成立以前　続」(万葉99、1978.12)があり、その後も精力的にこれについて発言されている。最近では「話すことばへ」(万葉219、2015.4)において、「上代人は、思うことを表現しようとするとき、それを表す自分のことばを直ちに探し当てられたのでもないし、時に、それを表すことばをもってさえいなかった、と考えるべきではなかろうか」といった発言がある。)、そこにみとめられる「ことば」は、正倉院に残された日用文書としての変体漢文体文書を訓読したようなものであったと考えられている。

　古事記の仮名書きは、会話部分に多くあらわれ、そこには当時の口頭語的な「ことば」があらわれていると考えられる。助動詞「き」が多くあらわれるのは、平安時代の和文における会話部分と通じるところがある。また、地の文の仮名書き部分には、おそらくカタリのことばがあらわれていると思われる（拙稿「古事記の文章法と表記」(萬葉語文研究第9集、2013.10)）。だが、その多くは断片的なものであり、カタリの「文体」が漢文訓読のことばとどのような関係にあるのかは、明確にはしがたい。ただ、他の変体漢文で書かれた部分が、もしも、漢文訓読のことばで書かれていたとしたら、漢文訓読的な「日常業務のことば」と和文的な「カタリのことば」、あるいは「生活のことば」などがモザイクのようにまじりあったのが、古事記の「ことば」であったということになる。奥村が正倉院仮名文書に漢文訓読的なことばをみとめたのは、万葉集のことばを当時の口頭語に近いものと考えたからであった。だとする

と、古事記には様々のことばの特徴がまじりあっていることになり、はたして、古事記全体を覆うような完成された書記用の文体が古事記にあったかどうか、疑問とせざるをえない。書記用文体は未成熟であったと考えるほうが自然なような気がするのである。おそらくは、変体漢文を訓読するような形のことばと、カタリのことばとがまじりあって、書記用の文体が形成されていくのだろうけれども、そして古事記にはそれが書きしるされているのだろうけれども、その実体は、繰り返しになるが明らかにしがたいのが現状なのである。

4　文章の体裁としての「文体」と「表記体」

　もう一度、ソシュールの言説にもどろう。現代日本語のように、漢字仮名交じりという体裁をとる文章表現を考えたとき、「言語学の対象は、書かれた語と話された語との結合である、とは定義されない」というのは、あくまでも、言語学の対象としての「ラング」をさしていったものであり、書きしるされた「ことば」を考えるときに、表記体と文体とをあわせて、考察の対象とするようなことはあってよいものと考える。「言語と書とは二つの分明な記号体系である」以上、二つの分明な体系をあわせて、「ことば」の総体を考えることもできるように思われる。ちょうど、ソシュールが、langue と parole とで構成される言語活動（langage）を考えたように。むしろ、その方が日本語の歴史を考えるときに、有効な手段であると思われるのである。

　たしかに、従前より述べてきたとおり、表記体は、「ことば」の問題としては変換可能である。万葉集における、

　　　相見者　千歳八去流　否乎鴨　我哉然念　待公難尓（⑪2539）

　　　安比見弖波　千等世夜伊奴流　伊奈乎加母　安礼也思加毛布　伎美末知我弖尓〈柿本朝臣人麻呂歌集出也〉（⑭3470）

天離　夷之長道従　恋来者　自明門　倭嶋所見〈一本云　家門當見由〉（③255）
　　安麻射可流　比奈乃奈我道乎　孤悲久礼婆　安可思能門欲里　伊敝乃安多里見由
　　　柿本朝臣人麻呂歌曰　夜麻等思麻見由（⑮3608）

のように、ことばとしては同じ歌が異なる表記体をもってそれぞれの巻に収録されていることは、同じことばで、表記体が変換されたものと理解できる。しかし、これを表記の問題として考えるならば、それは異なる表記なのであり、両者は決して等価ではない。万葉集にみられる多様な表記、たとえば戯書や義訓などは、これを含めて書かれたものを理解しなければならないし、仮名書きにおける仮名の選択もひとつの表現行為であると考えるならば、それは万葉集歌を理解するためには不可欠の視点である。けっして、「ことば」にかかわる問題ではないからといって等閑に付されることは許されないのである。だとすると、「文章の体裁は、文体と表記体とによって理解される」と考えられはしまいか。従来の古代語の文体の分類は、これを文体と誤解していたのだと理解されるのである。今、仮にこれを「文章体」とでも呼んでおこう。文または文章の、「ことば」のスタイル（文体）と「表記」のスタイル（表記体）とを総合したものとでも定義されようか。

　同じことばが表記体を異にすることは、常にありうることである。現代語でも、ある語を漢字で書くか仮名で書くかは、ひとつの文章の中で比較的自由に選択できる。そこには漢字の多用される表記体と仮名が多用される表記体といった、従来なら、文体差として理解されてきた文章の体裁（スタイル）のことなり、「文章体」の表記面での差異があらわれるのである。近時、朝日新聞で夏目漱石の新聞小説の連載が再掲載されているが、これなどは表記体を無視しても同じ作品であるとの判断からであろう。歴史的仮名遣いを現代仮名遣いに変換しても、ことばとしては同じと理解される。これなども表記体の変換であり、文体としては

同じでも、表記体としては差異があることになる。

　逆に、ひとつの書かれたものが異なることばをあらわしているなどということがありうるだろうかと、問うてみて、それを疑問視する向きも多いかと思われる。しかしながら、表記体としてしかとらえられないような資料とは、実は複数のことばが可能な点において、「ことばの変換」の可能な資料であるとみとめられる。究極的には、漢文が中国語で読んでもよいし、訓読して日本語で読んでもよいというような現象は、漢文における「ことば」の変換であるといえよう。このように考えるならば、変体漢文というのは日本語を、あるいは日本語で、表記しながらも、その「ことば」に厳密には還元しえない点において、われわれは表記体の問題としてしか「見る」ことができないのである。さきに述べたように、「漢文」をいう枠組みに「漢文訓読のことば」を押し込めたものとして理解される。次代にくる仮名による「日本語」の枠組みに「漢文訓読のことば」を押し込めたのが初期仮名文であるというのと対照をなすのである（拙稿「古代における書きことばと話しことば」『話し言葉と書き言葉の接点』（2014.9、ひつじ書房））。

　以後、漢字仮名交じりを基本とする日本語書記用文体にあって、表記体と文体とが記述されて日本語の文章史が形成されると考えられる。現代でも漢字の多い文体とか言われるのは、当然、表記体の面での言及である。したがって、「昨日」とルビなしで書けば「サクジツ」とも「きのう」ともよめる場合、これを、漢語を多く使用するか和語を多く使用するかというような「文体」の問題として考える場合には、計算から除外せざるをえない。つまり、文体を考えるには不都合な資料ということになる。この資料は、漢語か和語かといった文体指標では処理しえない文章体であるということになる。山本有三がルビ廃止をうたったのは、ことばを旨とした彼にとっては、当然の帰結であったに違いない。われわれはあまりにもそのことに無関心であり続けてきたのである。かめいたかしや山田忠雄が漢字は字音でしか使わないという方針を取ったのも、

そのこととして理解される。

5　仮名の成立と書記用文体の成立

　初期仮名文学作品の「ことば」が、ひとつの和漢混淆文であったことを、拙稿「「和漢混淆文」と和漢の混淆」（国語と国文学 93-7、2016.7）で述べた。日本語を書きあらわすための文字としての仮名が成立して、それによってあらわされた散文が、初期仮名文学作品の一群、古今集仮名序、土佐日記、竹取物語である。また、古今集の詞書や私家集の詞書もこれに含まれよう。ここにはじめて日本語書記用の散文文体が成立した。それらの「ことば」の基層にあったのは、漢文訓読的なことばであっただろう。なぜならば先にみたように、漢文訓読的なことばこそが、書きとめることを要請されていたからである。あるいは、漢文訓読的な世界でのみ、書くことが要請されたといってよいかもしれない。しかしながら、一方で「生活のことば」もウタを中心として書きとめることが一般化してくる。また、「カタリのことば」も文字化が進んでくると、さまざまの場で書くことが日常化してくる。そこに、書くための「ことば」、書記用の文体が成立することができたのである。

　残された資料からいえば、変体漢文が、書記の上で漢文の枠に日本語（おそらく漢文訓読のことばを基盤とした「官人たちの日常業務のことば」）を押し込めた「表記体」であったのに対して、同じことばを、仮名によって和文（おそらく「ウタのことば（生活のことば）」あるいは「カタリのことば」）の枠に押し込めたというのが、初期仮名文学作品の実態であっただろう。どの資料を取り上げても、後の時代の（和文語に対する）漢文訓読語的な要素を多分に含んでいるからである。

　ただし、それぞれの文体は、それぞれに特徴をもっており、微視的にみると、まったく異なる文体のようにも見える。それは文体というもの

が、体系的な文章のスタイルと個別的な文章のスタイルと、大きくふた
つにわかれるからである。個別の文体として見たとき、平安朝の初期仮
名文学作品にみえる「ことば」は、漢文訓読的なことばと生活のことば
とに分明にわけられるものではなく、ウタやカタリのことばとの混淆の
度合いを考える必要もあるだろう。古今集の詞書などは比較的漢文訓読
的なことばとしてとらえることができようし（拙稿「借用語の歴史と外
来語研究──「漢語」と「翻訳語」をめぐって──」（日本語学35-7、
2016.7））、伊勢物語と大和物語とを並べてみたとき、そこにはウタの
ことばが主体の伊勢とカタリのことばが主体の大和といった図式が描け
るのかもしれない。（これについては、いずれ稿を改める必要がある。）
万葉集巻十六の歌物語的歌群から歌物語へと続く？文章の流れも、カタ
リや漢文訓読的なことばとの関係で考える必要があろう。これも今後の
課題である。

　漢文ないし変体漢文の訓読と、和文的なことばの枠組みへの押し込み、
この両者を具体的に考えることのできる資料が三宝絵である。

　三宝絵中巻は、日本霊異記に基づく説話が中心である。漢文ないし変
体漢文の日本霊異記は成立後、比較的早い時期から訓注が付されており、
訓読して享受されたことがうかがわれる。三宝絵の編者である源為憲は、
文書生出身で漢籍に明るく、漢文訓読に通じていたことはまちがいない。
だとすると、漢文訓読的な文章の上に、尊子内親王への献上ということ
で仮名で書くことを要請されたところに、平仮名本である関戸本・東大
寺切のすがたがある。新日本古典文学大系『三宝絵・注好撰』（1997、
岩波書店）解説（馬淵和夫）では、漢文ないし変体漢文の草稿本と平仮
名の下書き本とを想定するが、そのようなテキストを想定しなくとも、
訓読的な思考と仮名による表出とを考えれば、関戸本・東大寺切の文章
は可能なのであり、関戸本・東大寺切が比較的、成立段階に近いテキス
トだった可能性が考えられる。実際、関戸本・東大寺切には、のちの漢
文訓読文的な要素と和文的な要素とがまじりあっている。そしてそれは、

漢字片仮名交じりのテキストである観智院本においても、程度に差はあるものの基本的にはかわらない。そう考えたとき、漢文訓読的なことばを仮名によって表出したときの、ひとつの和漢混淆のあり方として三宝絵を位置づけることができるであろう。それはまさに初期仮名文学作品の方法であったのである（拙稿「『三宝絵』の三伝本と和漢混淆文」『言語変化の分析と理論』（2011.3、おうふう））。

まとめとして──みはてぬ夢

　ソシュールは、書記を言語を書きしるすための、言語とは異なる体系ととらえた。書記の唯一の存在理由が言語を書きしるすことであるかぎり、言語に従属しているかのように読めなくはないが、そう読んだとしても、「ことば」に書記は必須の要素でないかぎりにおいて、決して「ことば」の分類の下位分類としてしか、その存在価値はないとはいいきれない。それは万葉集の歌うたを見れば明らかである。万葉集の表記は、万葉集の「ことば」とかかわらないところで、文字表現としてある。われわれは万葉集の「ことば」の外側にも、万葉集の文字表現を読み取らなければならない。

　万葉集は、音数律と仮名書歌とに支えられて、日本語の「ことば」としてヨムことが、ほとんどの場合、可能である。それでも、かめいたかしは、ヨメることに対する注意を喚起する（かめいたかし「万葉集はよめるか」（美夫君志7、1964.6、のち『ことばの森』（1995、吉川弘文館）所収））。それほどに、古代の漢字文献は「ことば」に対して、「後者の唯一の存在理由は前者を表記することだ」というような規定を根底から覆すほど、あやうい存在なのである。繰り返しになるが、正倉院に残された、官人たちの膨大な日用文書の変体漢文は、多様な書記とはうらはらに、それほど異なる「ことば」に還元できるとも思えない。表記の問

題としてしかとらえきれないのが実情なのである。表記に関しても、漢文的措辞と日本語的措辞とが入り交じるのであり、かつて「文法のない表記法」と位置付けたが（拙稿『歴史言語社会学入門』第五章（2015、大修館書店））、そのような現実がある。かといってそこに異なる「ことば」は求めえない。漢文的に書こうとも日本語的に書こうとも、そこにはおそらく同じような「ことば」が想定されるはずである。ただし、だからといって、「ことば」が想定されないかぎりは「文体が同じで表記が異なる」とはいいきれないのも先に述べたとおりである。基調となる文体（たとえばどのような助動詞で統括されるような文章なのかといったこと）さえ、明らかではないのである。

　数十年かけていきついた結論が、わからないものはわからないということなのかと、考えてみると、本当に何もしてこなかったに等しいむなしさを覚える。しかし、われわれはこの現実からいまだ逃れることはできないと思う。いつか、正倉院文書の文体、古事記の文体が明らかになる日がくるかもしれない。それまでは、みはてぬ夢をおいもとめるのではなく、現実は現実として受けとめるしかない。しばらくは、古代の表記体を研究の対象とするしかない。

　ソシュールの言説は、あくまでも「言語」を研究対象とするためのものである。したがって、特殊な書記を採用する古代日本語（現代日本語でも漢字を使用するかぎり、大きくはかわらない）の研究は、ソシュールの枠を離れて、書記の研究に向かうことになる。実は、書記を考えるとき、ソシュール以降の言語研究が、早い時期からソシュールの意図を離れて、語用論や談話研究といった、ある意味「langue」の枠外にまで広がってきていたのに対して、われわれのめざしてきた方法は、あまりにもソシュールの言説につきすぎていた感がある。今後、枠組み自体を見直して、古代の「ことば」を明らかにする方法を模索する必要があるのかもしれない。そしてそれは、今まで積み重ねられてきた、「ことば」と「書記」との密接な関係によって成り立つものであるかもしれない。

あるいは、橋本四郎「古代の言語生活」『講座国語史　文体史・言語生活史』（1972、大修館書店）が、さまざまな角度から考察した、「言語生活史」というような観点かもしれないとも思う。（この方向については、2016年7月2日に開催された関西大学国文学会で「絵と文字」という題で口頭発表を行った。いずれ活字で発表する予定である。）
　いずれにせよ、いまだ筆者は、文字とことばとの微妙な関係にたいして、それほどイノセンスではいられないというのが、率直な現状把握であり、これが本報告の締めくくりとなる。

清代雍正期檔案資料の供述書
―― 雍正4年(1726)允禩允禟案件における「供」の言葉 ――

奥 村 佳代子

はじめに

　話されている言葉を忠実に記録することは容易なことではないが、話したように記録されることが必要とされる文書がある。清代中国の供述書がそうであった。
　滋賀1984は清代の裁判と裁判官について、次のように言う。

　　人を罪に問うためには、原則として、犯罪事実が本人の自白によって確かめられていなければならないとするのが、帝政中国において一貫してとられていた大原則である。これが法の規定の上に正面から宣言されることはかつてなかったけれども、それは、中国人にとってあまりにも自明な原則であったために、ことさらに記す必要もなかったからにほかならない[1]。

　　彼（筆者注：中国の裁判官）が任としたのは、むしろ真実そのものを明らかにすることであった。行為をめぐる真実は、行為者本人が最もよく知っている。その本人の心服をかちとって、その口から真実を語らせること、それが裁判官の任務であった[2]。

　清代中国では、本人による自白なくしては裁判の進めようがなく、自

白こそが証拠にほかならなかった。そのため、供述書は単なる内容の記録であってはならず、当事者の言葉として書かれる必要があった。

　話された言葉を完全に記録することの難しさや、清代中国の人々は皆一様の中国語を話していたわけではないということや、方言による供述をどのように記述したのかという点を考慮すると、供述書の形で残された言葉が、話された言葉そのものであるとは当然言えないが、話された言葉であるように書こうとして用いられた言葉は、話し言葉らしいと判断されて選ばれた言葉であったと考えられる。それが、本当に話された言葉そのものではなくとも、話し言葉を書こうとする行為には、話し言葉を意識せずに書くのとでは異なる判断が生じるはずである。それが、裁判の証拠となる供述の記録であれば、より厳格な判断があったことだろう。

　本論では、清代における供述書のあり方を踏まえたうえで、雍正期のある案件をめぐる供述の文書を取り上げ、そこに見られる言葉の特徴と文書の性質に対するひとつの結論を示す。さらには、導き出した結論を、話し言葉らしく書くとはどのように書くことだったのかを考えるための手がかりとしたい。

1　清代供述書の形式

　唐澤 1995 は、清代において供述書の書き方に関する決まりがあったことを指摘している[3]。

　また、清代の『律法須知』「論叙供」は供述書を次のように論じる[4]。

> 一、作文者，代聖賢立言；叙供者，代庸俗達意。詞雖粗淺，而前後層次，起承轉合，埋伏照應，點題過脈，消納補斡，運筆佈局之法，與作文無異，作文一題目為主，叙供以律例為主，案一到手，核其情

节，何处更重。应引何律何例，犹如讲究此章书旨，重在何句，此一题旨，又重在何字也，情重罪重，情轻则罪轻。若罪轻而情重，罪重而情轻，牵扯案外繁冗，干碍别条律例，无异虚题犯实，典题犯枯，拖泥带水，漏下连上之文也。

『律法須知』「論叙供」は上の引用のように、「文」を成すことが聖賢に代わって意見を述べることであるのに対し、「供」を記すことは凡庸で通俗的な人間の言い分を代弁することであるとし、その要点として次の6点すなわち1）前後層次、2）起承転合、3）埋伏照応、4）点題過脈、5）消納補幹、6）運筆布局を挙げている。

この6点は唐澤1995の指摘を要約すると、1）前後層次とは「出来事の順序」であり、供述書における供述の順番を考慮し、事件の展開を順を追って明らかにしていくことである。2）起承転合とは「物語の展開」であり、案件自体の描写を筋道を立てて説明することである。3）埋伏照応とは「出来事の予示と対応」であり、「埋伏」とは後で出現することが分かっている人物や事態は事前に予示する必要があるということであり、「照応」とは事件の詳細が各当事者の間で一致しており互いに矛盾していないようにすることである。4）点題過脈とは「核心部分の強調、展開の筋道をたどること」であり、「点題」とは供述の核心部分を明確な言葉で導くことであり、「過脈」とは案件がどのように展開、処理されてきたかが明確にたどれなければならないということである。5）消納補幹とは「要点の要約、補足説明」であり、「消納」は若干の語であまり重要でない事柄をまとめることであり、「補幹」は事件の不明確な部分を供述書のどこで補完するか決めることである。6）運筆布局とは「文章技術、筋の組み立て」であり、供述書の構成が整然としていて首尾一貫していることであり、また各当事者の供述を一貫性のある供述書にまとめあげ、無駄がなく重要な部分が尽くされていることである。

供述を記録するには、上述の6点の作文技法が重要であるとされ、供

述書はこの作文技法の実践を目指した、一定の形式を備えた文書であったと言えるだろう。また清代の『福恵全書』「釈供状」では、次のように言う[5]。

> 供者，具也。鞫審之際，両造以口具白事之始末也。上官訊問，犯証対答，夾而叙之后開取供年月日，令在詞人犯，按名書押，問官将供過起処硃，ヽ尽処朱」，判日入卷。

供述書は、口頭の審問と回答を経た後、供述の内容を整理し意味の通りを良くすることによって完成された。つまり供述書は、そもそも「話された」言葉であったものを、作文技法を用いて供述書の形式にふさわしく「書かれた」言葉であった。

では、話された言葉は、どのような言葉で書かれたのだろうか。前述の『律法須知』「論叙供」ではまた次のように言う。

> 一、供不可太文，句句要像諺語，字字人皆能解，方合口吻。又不宜似乎小説，曽見有用之字及字而字，並經書内文字者，非村夫俗人口気，致貽笑于人。

> 一、供不可野，如罵人汚辱俗語，及奸案汚穢情事，切勿直叙，祇以混罵成奸等字括之，犯者干申斥。

ここでは、「供」は「文」でありすぎても「野」でありすぎても供述書の言葉としては不適切であると述べ、実例として「村夫俗人」の供述が「之」「及」「而」や経書の文言を用いて記されたものがあったが、そのような言葉づかいの「村夫俗人」がいるわけがなく、まったくのお笑い草だと言う。また、他人を罵り辱めるような言い回しや、事件の残虐性を示す具体的な言葉も用いるべきではないとする。わかりやすい言葉

を用いるべきであり、供述者の言葉づかいに合ったものでなければならないという指摘と、著しく汚い言葉は用いるべきではないという指摘は、いっぽうでは自然なままの言葉の記録が求められ、いっぽうでは人工的な調整が求められていたと言える。しかしそれは、「又不宜似乎小説」とあるように、小説のようであってはならなかった。

上述したように、供述書は、内容面、言語面ともに、あるべき形が存在していた。内容面では、正確性と整合性が求められ、言語面では、写実性と節度が求められていたと言えるだろう。

唐澤 1995 は『福惠全書』の記述をもとに、「供述の記録とは、第一に「供状」と呼ばれる供述録取書と「草供」と呼ばれる供述の草稿、及び第二に「招状」と呼ばれる最終稿の二段階からなっていた。」とし、供述の記録は供述者からじかに聞き書きしたものから正式な記録として残されるものまで、段階があったことを確認したうえで、地方レベルの裁判文書を例に、「こうした裁判文書中で我々が普段目にする供述書は、すでに作成者によって手際よく処理された証言なのであり、そこでは出来事は形式化された様式で語られているのである。」とする[6]。この指摘にあるように、最初の聞き取り調書である「供状」が残されている例は少ないと考えられるが、供述書が「文言すぎてはならず、話し手の口調が伝わる言葉を用いつつも小説のようになってはいけない」形式を目指したのだとすれば、供述書にはどの段階であれ話し言葉に基づいた書き言葉が現れている可能性があるということになるだろう。

2　允禩允禟案件供述文書

第 5 代皇帝雍正帝（1678 ～ 1735）は、自らの皇帝としての地位を強固なものとするため恐怖政治を行い、帝位を脅かす存在であるとの理由から、共に異母弟の康熙帝第 8 子允禩と第 9 子允禟を改名させ皇族とし

ての地位を剥奪し監禁した。允禩と允禟への弾圧をめぐる一連の檔案文書には、いくつかの供述書が含まれている。ここでは上海書店出版社編『清代檔案資料選編』（2010）第2巻に収められた故宮博物院旧蔵「刑部侍郎黄炳両江総督査弼納進秦道然口供折」「穆景遠供詞」「秦道然等口供」「何図供詞」を資料に、供述がどのような言葉で記録されているかを見ていく。本来であれば、ひとつひとつの語句を取り上げるべきであるが、ここでは最も基礎的な傾向を把握するために、「人称代詞」「指示代詞」「疑問詞」「語気助詞」の語彙を調査し、人称代詞は語彙のみを、指示代詞、疑問詞、語気助詞については用例文（の一部）も提示する[7]。なお、本論では供述部分のみを取り上げる。

2-1 「刑部侍郎黄炳両江総督査弼納進秦道然口供折」

　この文書は、雍正4年2月に行われた秦道然に対する尋問と供述が記されており、雍正4年3月10日の日付で報告された。

　秦道然（1658-1747）は無錫の人で、明代に建てられた円林寄暢園主人秦徳藻の長子であった。康熙42年（1703）の第4回南巡の際に康熙帝に従い朝廷に入り、第9皇子允禟の先生となり、康熙帝崩御後も允禟に仕えたため、雍正帝の弾圧を受けた。

　本文書の供述は、刑部侍郎黄炳両江総督査弼納の「問」と秦道然の「供」とで構成されており、秦道然の供述は「供」に続けて直接話法の形で記録されている。

　　人称代詞　我　你　他　我们　你们　他们
　　指示代詞
　　　这　　这都是实话／这又是欺诳圣祖处／这拐棍子却不可弃吊／这都是允禟不忠不孝处／这是允禟欺君处／这是人人知道的／这都是他装出来的假样子／这都是要人扬他美名／这明是他谋为不

	轨处／这是允禩不孝处／这是允禩大不是处／闻说这是福金的主意／这明是抱怨圣祖的意思／这是允禵不忠不孝处／这都是我听见的说话／这一句话圣祖得知／这顶帽子事爷与你的／这个差使想来是我的／这是他的虚话／这二人可是受人嘱托的／这个成何体统／我想福金将东西赏何焯自然不止这一次／这是八爷的巧取处／这明是不轨之处／这明是收拾人心处／这都是我听见的话／这是莫大的天恩／这便是欺皇上
那	那年允禩病后／那年大阿哥圈起之后／再那一年圣祖命允禵随往热河／曾记得允禩革贝勒的那一年／那相面人曾说八阿哥有非常之福／那时八爷奉差不在府内
这些	这些南方的文士都说允禩极是好学
这样	岂有这样大事可以不告得天的么
此	此实梦想不到之恩／不过要此二人做他的羽翼／大阿哥将此语启奏时／大阿哥将此旨意传与二阿哥／只是弑逆的事我实无此心／此事关系得大／同皇上将此言奏上／允禟将此式样寄与允禵去了／此是知道的／十四爷在此／此事问允禩便知
从此	后来复立之意从此而起／我比邵元龙多见几次从此而起／并不曾每日如此　如此恶乱之事甚多／只看皇上如此／皇上不但待二阿哥如此好／如何听见如此大笑不怒／福金也如何便敢如此／这如何使得／如此者不止一人
因此	因此允禩也拿了拐棍子装病／因此皇父大怒／因此声名大不好
其	其霸占何人木行之处
疑問詞	
甚么	你们看我头上的翎子有甚么好看／这叫做甚么圈法／探听了些甚么事体
甚	有甚不是只该参处
何	置圣祖于何地／有何事陷他于死地／何况王府里／至索诈何人之处／何事不究到，何处不穷到

如何	如何管家务事／将他女儿养在府中如何使得／若抱怨如何使得／三位阿哥抱怨二阿哥如何使得／何况亲王府中，如何使得／如何使得／允禵如何嘱托／如何八爷不在府里／如何有和尚日夜念经／如何将他痛打
为何	为何待你这样好／圣祖问八阿哥你为何相面
何敢	我的家私何敢藏匿／何敢部详细供出／我何敢有丝毫隐瞒
何常	邵元龙何常劝阻我／我亦何常恨他
谁	谁敢再奏

語気助詞

了	阿哥你病虽好了，这拐棍子却不可起吊／说这都是我累及你们受辛苦了
罢	免了告天罢／你去请一个安就算送他罢
罢了	比我们只隔得一层门罢了
么	日后登极封你们两个亲王么／还敢有丝毫隐瞒么

2-2 「穆景遠供詞」

　穆経遠（1683-1726、穆景遠）すなわちポルトガルの宣教師モラン（Joan Mourão, 1681-1726）は、允禵と結託して謀反を起こそうとしたという罪状で捉えられ尋問を受けた[8]。

　いわゆる清朝の典礼問題の発生以降、中国におけるキリスト教宣教師による布教は制約を受け、雍正、乾隆朝になると、朝廷のキリスト教への厳しい取り締まりのもとに、宣教師が捉えられる事件が多発した。清朝による宣教師に対する尋問と供述の記録は、中国語で書き残されているが、ヨーロッパの宣教師が中国で中国語による布教活動を行っていたことを考慮すれば、実際の尋問と供述も中国語で行われていたと考えて良いだろう。

人称代詞　我　你　他　我们　他们
指示代詞
这　　我说这未必是真病／将来这皇太子一定是他／这都实在是允禟说过的话／我听见这话心上很不舒伏／这正是皇上的作用／这话原都是有的／不知道他把这个帖子怎么就留下不曾烧／允禟为这件事很抱怨十爷／这断断说的不是好话／他看了说这字倒有些像俄罗素的字／况这字也有阿额衣／若这一件事果然我教他的字／他自己时常从这窗户到我的住处来／他说这话时／这两日前有件怪事／若拿了这人／这是我尽数供出来的实事／这是我该死／我说过这话原是有的
那　　那时候他底下的人听了这话都感激他／向那人说／那帖子上的话我原没有看见／那帖子中明有很不好的事情／
此　　此后若再说这话
因此　因此在年希尧家会过年羹尧／因此向他说这话的／我因此不曾领他的这银子
彼此　彼此往来的帖子必定都要烧掉／
这样　与其这样揉搓我，比拿刀子杀了我还利害／委实我不曾教他写这样添改的字／他是这样说／这样人一定就该拿了交与楚仲才是／像这样的不好心不好事／
那样　他那样邀买人心的话中甚么用／
这里　把我这些跟随的都带累在这里／这里家定不得也要抄／我要将这里的盘缠银子拿一二千两放在你处／这里没有个妥当人
那里　允禟听见泾县要盖房子叫他到那里去住／我那里没有一个人／我京中带来的东西与寄来的信息都先放在那里／到允禟那里
疑問詞
甚么　在先我还不懂他这话是甚么意思／我是甚么话都说出来了／我还有甚么说得
如何　如何受得

怎么	不知道他把这个帖子怎么就留下不曾烧 / 叫他怎么求求皇上才好
怎么样	倒是把我一个人怎么样也罢了 / 不想他后来怎么样添改了写家信
为么[9]	我实不不知他是为么缘故

語気助詞

了	说是得了痰火病了 / 他的意思不过是越远了就由他做甚么了 / 我从前在家时同十四爷处说定了 / 若再有隐瞒的话就把我立刻杀了 / 才知道我被他哄了一辈子了
罢了	成了废人就罢了
吗	我问他可要甚么西洋物件吗

2-3 「秦道然等口供」

多羅果郡王臣允禮らによる秦道然、何図、張瞎子に対する審問と供述である。この報告書に日付の記載はない。

2-3-1　秦道然に対する審問と供述

人称代詞　我　你　他　我们　你们　他们

指示代詞

这	这俱是欺诳圣祖处 / 这顶帽子给你的 / 这都是我听见的 / 这是我探知的情节 / 这俱像是我的瑞兆 / 这就我该死处 / 这种人也多得紧 / 这个人不是平常人 / 就是这件发米[10]的事 / 这也是人人都知道的
这些	这些事体 / 他有这些话在心里 / 这些事体不但我知
这样	这样有用的人 / 你也必定照依这样说才好
因此	因此允禟允禵止封贝子 / 因此声名大不好
如此	并如此大小呢 / 何图之处如此者不可胜数 / 如此用心

  从此 从此我傍晚进去到夜深方出

  非此即彼 自然非此即彼

 疑問詞

  甚么 亦从不曾交他办一件甚么事 / 至于给的是甚么人 / 为甚么管你家务事 / 他又为甚么待他这样好

  甚 有甚不是只该参处

  如何 如何福金将东西赏人 / 如何将他痛打

 語気助詞

  了 这个差使想来是我的了 / 随寄与允禵了 / 我的病就好了

  呢 并如此大小呢

  而已 惟有仰乞天恩而已

2-3-2　何図に対する審問と供述

 人称代詞 我　你　他

 指示代詞

  这 这是我未做同知以前的话

  这些 允禵这些不轨之处

  因此 因此不敢说的

  如此 虽然如此

 疑問詞

  甚么 他自己也说我不图甚么 / 是为甚么呢

 語気助詞

  呢 是为甚么呢

  而已 惟有仰乞天恩而已

2-3-3　張瞎子に対する審問と供述

 人称代詞 我　你　他

 指示代詞

这	这八字是假伤官格／这就是十四爷的八字／我说这庚申的不大好／这甲子的命好些／总不如这戊辰的命狠好／这命是元武当权

疑問詞

怎么	旁边的人问怎么好

語気助詞

了	到三十九岁就大贵了／又赏了我二十两银子出来了
呢	才合他的意思呢／
吗	你昨日算得戊辰的命果然好吗

2-4 「何図供詞」

何図に対する審問と供述であり、それぞれ最初に漢数字で番号が付された4つの部分から成り立っており、日付は記されていない。

人称代詞　我　你　汝[11]　他

指示代詞

这	这都是要人扬他美名／这明是谋为不轨处／这又是欺诳圣祖处／这拐棍子却不可弃吊／这都是允禩不忠不孝处
这些	这些南方的文士都说允禩极是好学
那	那年允禩病后／那年大阿哥圈起之后
此	若能将此五百匹瘦马养好／后听见允禵很喜此瞎子／此时还在临洮城中／后闻此条陈凯歌不同／此系图巧为献谀之处
因此	因此我就不敢再求了／因此允禩也拿了拐棍子装病
故此	故此教你进来
从此	从此再未敢去
其	其允禩家姚姓太监常往西宁送东西去
彼	而汝又适官于彼地／彼时正值上司派我同一都司迎接大将军并

料理両路軍需（供述中の引用部分）/ 彼時我見張瞎子進去
疑問詞
何　　那一次我曾問過他所送何物
甚么　這叫做甚么圈法
多少　問有多少
語気助詞
了　　我已将你薦与大将軍了 / 我着你喂馬就是很為你了 / 允禟自己
　　　妝病已大不是了 / 更加不是了
罷　　你回去罷
罷了　比我們只隔得一層門罷了
么　　你知道色尓図在西寧運糧要銭的事么 / 差事也検的么
而已　你做知府不過升一監司而已

「刑部侍郎黄炳両江総督査弼納進秦道然口供折」「穆景遠供詞」「秦道然等口供」「何図供詞」の供述書に用いられている人称代詞、指示代詞、疑問詞、語気助詞は、上に示したとおりである。これらの供述書が供述者によって話された言葉らしく書かれており、人工的でありながらも、その「話された言葉らしい」と判断される基準や根拠が、供述者自身の言葉に依拠しているという前提に立つならば、これらの語句には話された言葉の根本的な傾向や特徴が現れていると言えるだろう[12]。

この考えに基づけば、供述者が話した言葉は、表現形式上は上に示したような個々の語句であり、本質的な傾向及び特徴としては、以下の点を挙げることが出来るだろう。

(1) 文言の使用が少ない。
(2) 用いられる語の種類が少ない。

(1)は、話し言葉で書こうとする記述態度が文言の使用の少なさに現れ

ていることを示すと同時に、文言もまた話し言葉として用いられたということを示していると考えられる。

(2)は、(1)を前提に考えれば、話す行為において個人が用いる語はある程度固定されており、決まった語を用いるということを示している。したがって、この点においては、語彙は豊かではなく限られていると言え、供述書のように、尋問する側と供述する側の一対一で話されるか、供述者によって一方的に話される場面では、語彙の単一性がより端的に現れると見なすことができる。

ある特定の個人によって話される言葉は、語彙が限られており単一的である。もう少し肯定的な言い方をするならば、話される言葉の語彙は均質的であると言えるだろう。

3　ヨーロッパにもたらされた供述書

ポルトガル宣教師モラン（中国名穆景遠）の供述は、前章で取り上げた故宮博物院旧蔵のものだけでなく、ヨーロッパの宣教師によってヨーロッパ各地に届けられ、現在パリ外国宣教会図書館（AMEP, Archives des Missions Étrangères de Paris）、カサナテンセ図書館（Biblioteca Casanatense（Rome））、ヴァティカン図書館に所蔵されており、パリ外国宣教会図書館所蔵文書は呉旻、韓琦編『欧州所蔵雍正乾隆朝天主教文献匯編』（上海人民出版社、2008年）に翻刻があり、カサナテンセ図書館所蔵文書は内田 2016ab に影印、翻刻と解説がある。

パリ（AMEP）とカサナテンセの供述書の日付はいずれも雍正4年6月22日であり、内田 2016ab で指摘されているように、内容、語句ともにだいたい一致しており、以下に例示するようにわずかな語句の異同がある程度の違いである。引用先は、所蔵機関の名称の省略形で示すが、テキストは呉旻、韓琦編『欧州所蔵雍正乾隆朝天主教文献匯編』、内田

2016b、『清代檔案資料選編』を用いる[13]）。

　パリ（AMEP）とカサナテンセの文書には、下線部で示したように、語彙レベルの不一致が見られる。

　　把我一人怎么样也罢了，把我跟随的都累在这里，我心中过不去。若
　　是他过一平安日，我死也甘心。
　　底下人听这话都感激他，我也说他是好人。造出字来写信，叫儿子他
　　不愿带累他们。邀买人心如此，中甚么用！　　　　　　　（パリ）

　　把我一人怎么样，也巴了，巴我跟随的都累在这里，我心过不去，若
　　是他过一年安日，我死也甘心，底下人听这话，都感激他，我也说他
　　是好人，造出字来，写信，叫儿子他不愿带累他们，邀买人心，中什
　　么用，　　　　　　　　　　　　　　　　　　　　　（カサナテンセ）

　パリ（AMEP）とカサナテンセの文書に見られる語彙の不一致は内容に影響するものではなく、また話者の相違や供述者が実際に用いた語彙の相違を喚起させるほどの違いでもないと言えそうである。両者の一致ぶりをもう一例挙げよう。

　　上年冬天，我到塞思黑那里去，向我说有一怪事，外边有个人说是山
　　陕百姓，拿了一个帖子，我看了随退还了。向那人说，我弟兄没有争
　　天下的理，此后再说。我要拿了。我向他说，这人该拿，交与楚仲才
　　是。他说若拿他，就大吃亏了。　　　　　　　　　　　　（パリ）

　　上年冬天我到塞思黑那里去，向我说，有一怪事，外边有个人说，是
　　山陕百姓拿了一个帖子，我看了，随退还了，向那人说，我弟兄没有
　　争天下理，此后再说，我要拿了，我向他说，这人该拿，交与楚仲才
　　是，他说，若拿他，就大吃亏了，　　　　　　　　　　（カサナテンセ）

上に挙げたパリ（AMEP）とカサナテンセでは語句レベルまでほぼ一致するくだりが、故宮博物院の供述書では次ように記述されている。

> <u>又供</u>：上年冬天我<u>病好了</u>，到允禵那里，<u>他向我说</u>：这两日前有件怪事，<u>外边有个人</u>装成做买卖的，说有很要紧的话断要见我，我因总没有见人不曾见他，<u>他封了一个字儿叫老公送进来</u>，<u>上面写的是</u>山陕百姓说我好，<u>又　听见我很苦的话</u>，我看了帖子随着人送还了，向那人说：<u>我们弟兄没有争天下</u>的道理。此后若再说这话，我就要叫<u>人</u>拿了。我向<u>允禵</u>说：这样人<u>一定</u>就该拿<u>了</u>交与楚仲才是，<u>若不拿就大错了</u>。<u>允禵</u>说：若拿<u>了这人</u>，他就大吃亏了。　　　　　　　　（故宮）

故宮博物院の供述書では、パリ（AMEP）、カサナテンセの内容を含んでいるだけでなく、さらに詳しく前後関係が明らかにされている。このように故宮博物院の資料の供述による状況説明が他の２種と比較してひときわ分かりやすい例が、他にも見られる。

> 据穆经远供：我在塞思黑处行走有七八年，他待我甚好，人所共知。如今奉旨审我，不敢隐瞒。当年太后欠安，听得塞思黑得了病，我去看。他向我说：我与八爷，十四爷三人有一个做皇太子，大约我身上居多。我不愿坐天下，所以装病成废人。后十四爷出兵时，说这皇太子一定是他。这都是塞思黑说过的话。　　　　　　　（パリ）

> 据穆经远供，我在塞思黑处行走有七八年，他待我甚好，人所共知，如今奉旨审我，不敢隐瞒，当年太后欠安，听得塞思黑得了病，我去看他，向我说，我与八爷，十四爷，三人有一个（做）皇太子，大约我身上居多，我不愿坐天下，所以装病成废人，后十四爷出兵时，说，这皇太子一定是他，这都是塞思黑说过的话。　　　（カサナテンセ）

据供：我在允禵处行走，<u>又跟随他在西大同</u>，前后有七八年了，允禵待我好<u>也是人所皆知的</u>，如今奉旨审问，<u>我一件</u>不敢隐瞒。当年太后欠安时节，<u>我听得</u>允禵眼皮往上动，说是得了<u>痰火病了，我去看时，我说这未必是真病</u>，他说：<u>外面的人都说我合八爷十四爷三个人里头有一个立皇太子</u>，大约在我的身上居多些。我不愿坐天下，所以我装<u>了病，成了废人就罢了</u>。到后来十四爷出兵的时节，<u>他又说：十四爷现今出兵，皇上看的也很重，将来这皇太子一定是他。这都实在是允禵说过的话。</u>　　　　　　　　　　　　　　　　（故宫）

　上に挙げた部分も、下線部が示すように、故宮博物院の供述書は、より言葉数が多く、情報量が多い。
　故宮博物院の供述書とパリ（AMEP）、カサナテンセとのもうひとつの大きな違いは、故宮博物院の供述書には「問」と「供」が明確に示され、尋問と供述のやりとりが繰り返されているのに対し、パリ（AMEP）とカサナテンセでは「問」がなく、冒頭で「据穆经远供」と記述された後は、供述内容が終わるまでモランの供述が続いているという点である。

又供：允禵将到西宁时，我因身上有病，向他说：我们到了西宁，皇上若再叫我们出口，如何受得？
允禵说：你不知道，越远越好。
问穆景远：允禵说越远越好的话是甚么意思呢？
供：在先我还不懂他这话是甚么意思，如今看来，他的意思不过是越远了就由他做甚么了。　　　　　　　　　　　　　　　　　　（故宫）

塞思黑到西宁时，我向他说：我们到了西宁，皇上若叫我们出口，如何受？塞黑思说：越远越好。看他意思，远了由他做什么事。（パリ）

塞思黑将到西宁时，我向他说，我们到了西宁，皇上若叫我们出口，

> 如何受。塞思黑说，越远越好，看他的意思，远了，由他做什么了，
> 　　　　　　　　　　　　　　　　　　　　　　（カサナテンセ）

「問」と「供」の明確な区別の有無に関して、内田 2016b は次のように指摘している。

> 《文獻叢編》（筆者注：故宮博物院所蔵資料）的文章裡常常出現"據供""又供""問""供"這樣的詞句也表示這是後來整理過的資料。

　故宮博物院の供述書は、先に確認した供述書の作文理論すなわち前後層次、起承転合、埋伏照応、点題過脈、消納補幹、運筆布局の存在を考えれば、形式化され手を加えられたうえで、自然な会話の中で起こりうる矛盾や不足やつながりの悪さというものを排除したものであり、正式な文書として皇帝に差し出された文書であることは間違いないだろう。「問」がなく「供」の内容だけが記述され、供述で述べられている言葉も一致していないという点から、パリ（AMEP）とカサナテンセの供述書は、故宮博物院の供述書とは、文書としてのレベルが異なる可能性があると言えるだろう。
　しかしながら、故宮博物院の供述書とその他 2 文書とに、形式上と内容上の違いが見られるとはいえ、これら 3 つの供述書の「供」に当たる部分の基本的な語句は一致している。たとえば、代名詞や語気助詞は完全に一致しており、次の語彙が用いられている。

　　代詞：我　你　他　我们　他们　这　那　这里
　　語気助詞：了

　文書としてレベルの違う供述書であるにもかかわらず、これら 3 つの供述書が用いている語彙が同じであるということは、どちらの文書にも

供述書作文理論の「供不可太文、句句要像諺語、字字人皆能解、方合口吻。又不宜似乎小説」が実践された形跡を見いだすことができると考えられるだろう。

4　モランの供述文書について

　前章で確認したように、モランの供述の文書には、管見のかぎりでは故宮博物院旧蔵、パリ（AMEP）、カサナテンセ図書館、ヴァティカン図書館に所蔵されているものがあるが、文書の種類としては2種類に分類されるのではないかと考えられる。
　なぜモランの供述書に文書レベルが異なると考えられる2種類のものがあるのか、またこの2種類に見られる相違点は何に起因するのかを、もう少し考えてみたい。
　故宮博物院とパリ（AMEP）とカサナテンセの供述書の違いのうち、語彙、内容、形式の違い以外にもう一点注目すべき大きな違いは、允禩に対する呼称である。

　　据供：我在允禩处行走，又跟随他在西大同，前后有七八年了，允禩
　　待我好也是人所皆知的，如今奉旨审问，我一件不敢隐瞒。当年太后
　　欠安时节，我听得允禩眼皮往上动，说是得了痰火病了，我去看时，
　　我说这未必是真病，他说：外面的人都说我合八爷，十四爷三个人里
　　头有一个立皇太子，大约在我的身上居多些。我不愿坐天下，所以我
　　妆了病，成了废人就罢了。到后来十四爷出兵的时节，他又
　　说：十四爷现今出兵，皇上看的也很重，将来这皇太子一定是他。这
　　都实在允禩说过的话。　　　　　　　　　　　　　　　　（故宫）

　　据穆经远供：我在塞思黑处行走有七八年，他待我甚好，人所共知。

75

如今奉旨审我，不敢隐瞒。当年太后欠安，听得塞思黑得了病，我去看。他向我说：我与八爷十四爷三人有一个做皇太子，大约我身上居多。我不愿坐天下，所以装病成废人。后十四爷出兵时，说这皇太子一定是他。这都是塞思黑说过的话。　　　　　　　　　　（パリ）

据穆经远供，我在塞思黑处行走有七八年，他待我甚好，人所共知，如今奉旨审我，不敢隐瞒，当年太后欠安，听得塞思黑得了病，我去看他，向我说，我与八爷，十四爷，三人有一个做皇太子，大约我身上居多，我不愿坐天下，所以装病成废人，后十四爷出兵时，说，这皇太子一定是他，这都是塞思黑说过的话。　　　（カサナテンセ）

　故宮博物院の供述書は「允禵」を用いているが、パリ（AMEP）とカサナテンセの供述では「塞思黑」が用いられている。「塞思黑」は允禵が雍正帝によって改名を迫られた名前である。

　　（雍正４年）五月，令允禩改名，又以所拟字样奸巧，下诸王大臣议，
　　改为塞思黑。　　　　　　　　　（『清史稿』巻200 列伝7 諸王6）

　『清史稿』によると、允禩の改名は雍正４年５月のことであり、「塞思黑」は蔑称であったと考えられる。供述書作文理論に則れば、「供不可野、如骂人污辱俗语、及奸案污秽情事、切勿直叙」とあるように、罵り言葉は供述書に用いるべきではないとされるが、故宮博物院の供述書に「塞思黑」が用いられていないのは、この作文理論に理由があるわけではなさそうである。というのも、「塞思黑」と同類の呼称であると見なされる「阿其那」は、康熙帝第８子であった允禩の改名後の呼称として、パリ（AMEP）とカサナテンセ同様に故宮博物院にも用いられているからである。

又供：允禟在先与阿其那允禵很相好的，自皇上登极后，他心上很不如意，他口里虽不说，但我在旁边也看得出来。　　　　（故宮）

塞思黑原与阿其那，允禵很好，自皇上登极后他不如意，虽不说，我在旁也看得出来。　　　　　　　　　　　　　　　　（パリ）

塞思黑原与阿其那允禵，很好，自皇上登极后，他不如意，虽不说，我在傍也看得出来。　　　　　　　　　　　　　（カサナテンセ）

允禩の改名は、以下の記述によると、允禟の「塞思黑」への改名より早かった。

（雍正4年）二月，授允禩为民王，不留所属佐领人员，凡朝会，视民公侯伯例，称亲王允禩。诸王大臣请诛允禩，上不许。寻命削王爵，交宗人府圈禁高墙。宗人府请更名编入佐领：允禩改名阿其那，子弘旺改菩萨保。　　　　　（『清史稿』卷220列伝7諸王6）

允禟が「塞思黑」に改名したのが5月、允禩が「阿其那」に改名したのは同年2月のことであった。
では、3種類の供述書の日付はどうか。

　　故宮博物院　　　雍正4年5月2日
　　パリ（AMEP）　雍正4年6月22日
　　カサナテンセ　　雍正4年6月22日

文書に付された日付を見るかぎり、允禩は確実にすでに「阿其那」に改名された後であるが、允禟は改名される前であった可能性が大きい。故宮博物院の供述書が報告された時点では、改名されていたのは允禩だ

77

けであり、允禔はまだ「塞思黒」と改名されていなかったため、允禔と記され、パリ（AMEP）とカサナテンセの供述書が報告された時点では、すでに允禔改名後であったために、「塞思黒」が用いられたのである、という解釈が成り立つ。

このように、同じ案件を扱った異なる文書が異なる日付で存在していることは、供述の記録に2種類乃至3種類あったという清代の実情に合っている。次に、犯罪を裁く際、清代ではどのような段階が踏まれていたのかを手がかりに見ていきたい。

滋賀1984によると、「人を罪に問うためには、原則として、犯罪事実が本人の自白によって確かめられていなければならないとするのが帝政中国において一貫してとられていた大原則であ」り、「裁判は、原則として自白に基いてなされるべきであり、ごく例外的な場合にのみ、証拠だけによって裁判することが許された[14]」。したがって、本人がこう言っているという自供の形で示す必要があり、自供の記録としての供述書のあり方が清代中国では重要視されていた。

滋賀1984は『福恵全書』巻12の供述書に関する記述について次のようにまとめている[15]。記録された自白のことを「供招」などといい、供招には供状と招状の2種類があった。供状は訊問に答えて当事者や証人が述べたことをその都度記録したいわば尋問調書であり、本人が述べたままに近い口語をまじえた文体で記録され、それらを整理修正し一定の形式に書き直したものが招状であった。また、唐澤1995は、滋賀1984を踏まえたうえで、「『福恵全書』によると、供述の記録とは第一に「供状」と呼ばれる供述録取書と「草供」と呼ばれる供述書の草稿、及び第二に「招状」と呼ばれる最終稿の二段階からなっていた。」としている[16]。さらに、滋賀1984によると、招状に画押をとり、決定的な自白が得られた状態を「成招」といい、これによって法廷における審理は終了し、「あとは、自認内容をもとにしてまとめ上げた事件のいちぶ始終の叙述と、それに対する法の適用とを記した文書を作製し、犯人の身柄

とともに上司に送る—すなわち招解する—だけである。」という。

それぞれの文書に明記された日付に基づくと、3つの文書のうち故宮博物院の供述書がもっとも早い段階の文書であるが、先述したように、「問」の後に「供」があるという規則正しいやりとりや、話の流れが順序よく整っていることから、信憑性を得るための技術が駆使され、整理修正されたものであると考えられるため、供述の記録の最終段階である「招状」ではないかと思われる。故宮博物院の供述書が招状であるとすると、パリ（AMEP）とカサナテンセの文書は、その後の「招解」のために作製される「事件のいちぶ始終の叙述と、それに対する法の適用とを記した文書」ということになる。

この推測が成り立つ理由は、文書の最終部分の決定的な違いである。故宮博物院の供述書は、最後の尋問と供述に続き、以下の言葉で締めくくられている。

所有臣等会同審得穆経遠之確供，先行繕折恭呈御覧。
雍正四年五月初二日

いっぽうパリ（AMEP）とカサナテンセの文書はいずれも、「据穆経遠供……等語」の形で供述内容がまとめられているのに続き、モランの罪状の叙述があり、その罪の重さから打ち首の刑に処されるべきであるという言葉で締めくくられている。

　　査穆経遠，以西洋微賎之人，幸托身于撑毂之下，【不尊法度，】媚附塞思黒，助甚狂悖。当塞思黒在京時，养奸誘党，曲庇魍魎，什物遺贈，交給朋党。而経遠潜与往来，密為心腹。広行交游邀結，煽惑人心。至塞思黒称病閑居，佯言甘于廃弃，实心儲位自許，鮮恥喪心，已无伦比。而経遠逢人贊揚塞思黒有大福気，【有】将来必為皇太子之言，及塞思黒諸悪敗露，本当立正典刑。蒙我皇上至聖至仁，令往

西宁居住，冀其洗心悔罪。乃不但绝无愧惧之心，益肆怨尤之恶。而经远之穴墙往来，构谋愈密，奸逆愈深，是诚王法之所不容，人心之所共愤。除塞思黑已经诸王大臣公同议罪，奏请王法外，穆经远应照奸党律，拟斩监候。但穆经远党附悖逆，情罪重大，应将穆经远立决枭示，以为党逆之戒可也。

（パリ、カサナテンセ。【　】はカサナテンセにはない語句である。）

上に引用した部分は、尋問と供述を経て得られた罪のあらましが、供述部分とは異なる言葉遣いで述べられ、どのような処罰に相当するかが記されている。つまり、審理をひととおり終えた後の文書として相応しい内容を備えており、まさに滋賀1984が述べた『福恵全書』における招状の次の段階の文書であると考えられる[17]。

2種類のモランの供述の文書は、招状レベルの供述書（故宮博物院）と供述を踏まえて審理した結果を報告するレベルの文書（パリ（AMEP）及びカサナテンセ）であると言えるだろう。

まとめ

清代の供述書がヨーロッパにもたらされていたことは、内田2016abがすでに指摘しており、ヨーロッパにおける中国語資料を扱う分野ではよく知られていることであろうが、雍正4年の允禵允䄉の案件に関する、パリ（AMEP）及びカサナテンセに所蔵されているモランの供述に関する文書と故宮博物院旧蔵の文書とは、日付と形式から異なる段階の文書であることがわかり、故宮博物院の文書は審理するための最終文書である招状であり、パリ（AMEP）及びカサナテンセの文書は審理を終え結果を報告する文書ではないかという推測をたてた。語彙の一致状況から、いずれの供述も話し言葉らしさを備えもっていると考えられる。

より早い段階の文書であり、供述書として報告された故宮博物院旧蔵の文書((1「刑部侍郎黄炳両江総督査弼納進秦道然口供折」、2「穆景遠供詞」、3「秦道然等口供」((1)秦道然の供述、(2)何図の供述、(3)張瞎子の供述、) 4「何図供詞」)の人称代詞、指示代詞、疑問詞、語気助詞の語彙の使用状況は下表のとおりである。

	人称代詞	指示代詞	疑問詞	語気助詞
1	我 你 他 我们 你们 他们	这 那 此 这些 这样	甚么 甚何	了 罢 么
2	我 你 他 我们 他们	这 那 彼此 这样 那样 这里 那里	甚么 何 怎么 怎么样	了 吗
3 (1)	我 你 他 我们 你们 他们	这 此 彼 这样	甚么 甚何	了 呢
(2)	我 你 他	这 这些 此	甚么	而已
(3)	我 你 他	这	怎么	了 呢 吗
4	我 你 汝 他	这 那 此 其 彼	甚么 何	了 罢 么 而已

供述書は、作文理論に基づき、話し言葉らしくあることが意識されて書かれた文書であった。そうした意識で供述書が書かれたのだとすれば、供述書に用いられている語彙は、まさしく供述者が話している言葉らしいと認識されていたと言えるだろう。特に、上の表で共通して用いられている語彙、つまり人称代詞の単数形「我、你、他」、複数形「我們、你們、他們」、指示代詞「這、那」の形、何を意味する疑問詞「甚么」、語気助詞「了、罢、呢、麼、嗎」などの語彙を用いた供述は、話している言葉らしいと見なされたのだろう。同時にまた話されている言葉に指示代詞の「此」「其」「彼」などが混じることも許容範囲であったのだろうが、文書を話し言葉らしく意識して書くと、いわゆる文言の混在が限られてくることの現れだと捉えることができるだろう。

話された言葉が先にあるとはいえ、供述書の言葉は書かれた時点で、書面の言葉でもある。書面語にさまざまな層があるとすれば、清代の供述書はもっとも話し言葉に近い書面語だと言えるのではないだろうか。

本論執筆にあたり本学文学部名誉教授松浦章先生のご研究から教えられることが数多くありました。ここに感謝の意を表します。

参考文献
滋賀秀三 1984『清代中国の法と裁判』創文社、東京。
唐澤靖彦 1995「話すことと書くことのはざまで —— 清代裁判文書における供述書のテクスト性」『中国 —— 社会と文化』第 10 号 212 頁〜 250 頁。
呉旻、韓奇 2008『欧州所蔵雍正乾隆期天主教文献彙編』上海人民出版社、上海。
上海書店出版社編 2010『清代檔案史料選編』第 2 巻、上海書店出版社、上海。
楊一凡主編 2012『歴代珍稀司法文献』第 3 冊、社会科学文献出版社、北京。
内田慶市 2016a「序説：言語接触研究の過去・現在・未来 —— 文化交渉学の視点から」沈国威、内田慶市編『東アジア言語接触の研究』1 頁〜 18 頁、関西大学出版部、大阪。
内田慶市 2016b「卡薩納特図書館藏雍正朝教案檔案」『関西大学東西学術研究所紀要』第 48 輯 7 頁〜 20 頁。

注
1）滋賀 1984、68 頁。
2）滋賀 1984、71 〜 72 頁。
3）唐澤 1995 の特に 215 〜 217 頁に詳細な解説がある。「1　清代供述書の形式」は、全面的に唐澤 1995 を参考にしている。
4）楊一凡 2012 所収『律法須知』(清呂芝田撰) 巻上「論叙供」。なお、本論における『律法須知』からの引用は、すべてこの本に拠る。
5）楊一凡 2012『福恵全書』巻之十二「釋供状」。本論での『福恵全書』からの引用はすべてこの本に拠る。
6）唐澤 1995、226 頁。
7）また筆者は、人称代詞、指示代詞、疑問詞、語気助詞は、話題や内容によって使用の有無が左右されることがないと考えるため、使用語彙を調査する場合の基準にしやすいと考えている。
8）穆経遠について、内田 2016ab から情報を得た。穆景遠とも表記する。
9）この「为么」は、「什么」もしくは「为什么」の書き間違いの可能性もある。
10）「发来」の誤りか。
11）供述中で触れられた「字」(文書) の中で用いられている一例のみ。
12）秦道然の供述と「何図供詞」の供述とでは一致する箇所が見られる。ここには、事件の真相を明らかにするために用いられる供述書作文技法の「埋伏照応」の実践を認めることができる可能性がある。
13）今回はヴァティカン図書館所蔵文書は用いないが、パリ (AMEP)、カサナテンセと同じ文書であることは、2016 年 9 月に確認することができた。

14) 滋賀 1984、68～69 頁。
15) 滋賀 1984、69 頁。
16) 唐澤 1995、215 頁。
17) 本論第2章で取り上げた「刑部侍郎黄炳両江総督査弼納進奏道然口供折」もこの段階の文書の形式を有していると思われる。

吉雄権之助訳蘭英漢対訳辞典の編纂法について

松　田　　　清

はじめに

　阿蘭陀通詞吉雄権之助永保（号如淵、1785-1831）はその優れた語学力によって、江戸時代におけるオランダ語辞典編纂に最も貢献した人である。すなわち、オランダ商館長ヘンドリック・ドゥーフがフランソワ・ハルマ『蘭仏辞典』第二版（1729）をもとに、阿蘭陀通詞のオランダ語力向上のため、1811年から1816にかけて私的に蘭日辞典「ドゥーフ・ハルマ」を編纂した際、ドゥーフの最大の協力者となった。ついで幕命によりドゥーフがその自筆草稿（初稿）を増補改訂して蘭日辞典「和蘭辞書和解」（いわゆる「長崎ハルマ」または「道訳ハルマ」）編纂に従事した際にも、さらに、ドゥーフ帰国（1817）後、阿蘭陀通詞たちが増補改訂作業を行った際にも、中心的役割を果たしたのである[1]。

　吉雄権之助は晩年、1828頃に、ロンドン宣教会在華宣教師ロバート・モリソンの『中国語辞典』第III部『英華辞典』（Robert Morrison, *A Dictionary of the Chinese Language in Three Parts*. Part III. Macao, China: Printed at the Honorable East India Company's Press, by P. P. Thoms. London, 1822.）をもとに蘭英漢対訳辞典を編纂した。その写本は、佐久間象山旧蔵本[2]（真田宝物館所蔵、以下、象山本）、佐倉藩鹿山文庫蔵本「模理損字書」（佐倉高等学校所蔵、以下、佐倉本、筆者未見）、高鍋藩明倫堂文庫蔵本「五車韵府[3]」（町立高鍋図書館所蔵、

85

以下、高鍋本)、薬学者高峰譲吉の父で加賀藩蘭学者であった高峰元稑（精一、1827-1900）の旧蔵本「蘭英和対訳辞書[4]」（杏雨書屋所蔵、以下、高峰本）の4点が知られている。

昭和44年（1969）に高鍋本を発見した井田好治[5]は、書誌的検討によって高鍋本と佐倉本が吉雄権之助の編纂した蘭英漢対訳辞典の写本であることを初めて解明し、その編纂法を次のように推定した。

> Morrison 辞典の英語見出し語たとえば "ATTENTIVE" や "ATTACK" について→英蘭辞典によりオランダ語 "aandachtig" と "aandoen" を求める→こうして得たオランダ語をアルファベット順に配列→もとの英語 "attentive"、"attack" を傍にそえる→中国語訳語はほぼそのまま利用する→蘭英漢三国語辞典の成立。

また、利用された可能性のある英蘭辞典のひとつとして、Willem Sewel（1654-1720）の英蘭・蘭英辞典、*A Large Dictionary English and Dutch in two Parts.* Amsterdam, 1735. を挙げた。成立時期については、伊藤圭介が文政11年（1828）年春に長崎遊学から持ち帰った吉雄権之助訳『英吉利文話之凡例』（国立国会図書館伊藤文庫所蔵）の「二」単語編と高鍋本との「密接不可分の関係」から、『英吉利文話之凡例』を「吉雄権之助の"lexicography"の副産物」と位置づけ、蘭英漢対訳辞典の「編集作業は、モリソン辞典 Part III の刊行以後、すなわち1823（文政6）年〜1828（文政11）年ごろまでの間に鋭意行われたものと推定」した。さらに、この期間がシーボルトの滞日時期と重なることから、「シーボルトとごく親しかった吉雄権之助に、シーボルトの影響がなかろうはずはない。Lexicography についても、かずかずの助言指導があったとみてもおかしくない」と蘭英漢対訳辞典の編纂におけるシーボルトの指導を想定した。

井田は結論の結びで「編集主幹としての吉雄権之助とその身近な協力

者、わけても中国語に熟達した唐通事らが、この辞典編集の荷［ママ］ない手であった、と推断」したが、その根拠は、モリソン辞典のALMS項目には「週濟之物 chow tse che wūh」と訳語と発音のみが示されているのに対し、それに対応する高鍋本のalmoes項目は以下のように例文が追加されていることであった。

> geven liefdadigheid, aalmoes, 賙濟. liefdadige aalmoes is geoefend door zommige om te bereiken hunne baatzuchtige oogmerken. 有籍布施以求遂其私. liefdadigheid of aalmoes is niet in de magt van arme menschen. 濟施非貧士所能.

井田は「当時、これだけの部分の追補をするには、この辞典編纂家にはオランダ語と中国語について、相当な素養がなければなるまい。あるいは、中国語の部分については、唐通事の協力を求める必要があるかもしれない。あるいは、彼の利用した蘭英辞典か英蘭辞典に、この種のオランダ語文例が載っていたとも考えられる。それにしても、中国語ないし漢訳には、それだけの学識を必要としよう」と想像した。

しかし、実際には、上記のalmoes項目に追加された例文は、英語からオランダ語への翻訳能力に長けた吉雄権之助がモリソンPart IIIのCHARITY項目から、以下に掲げる例文をオランダ語に翻訳し、aalmoes項目の例文とした結果にほかならない。中国語の発音表記は省略して引用しよう。

> To bestow charity, alms, 賙濟. Charity is practised by some to attain their selfish ends, 有籍布施以求遂其私. Charity or alms-giving, is not in the power of poor men, 濟施非貧士所能.

蘭訳の際、geven liefdadigheid, aalmoesのように動詞不定詞の目的語

を後置したり、liefdadige aalmoes is geoefend door zommige のように受身の助動詞 worden を使用せず、zijn を用いて完了形にしたりする、文法上の誤りはさておき、吉雄権之助の高い英文蘭訳能力を示していると言えよう。その能力は Robert Morrison, *A Grammar of the English Language. For the use of the Anglo-Chinese College.* Macao: Printed at the Honourable East India Company's Presse, by P. P. Thoms, 1823. によって英文法を学習すると同時に、その英文を蘭訳した『英吉利文話之凡例[6]』）の翻訳作業を通して獲得したものと考えられる。『英吉利文話之凡例』は吉雄権之助の蘭英漢対訳辞典編纂の副産物というよりは、出発点とみなすべきであろう。

　筆者は先に高峰本を調査し、その書誌的な紹介を行うと共に、編纂法については、C項目の検討を通して得られた結果を報告した[7]。すなわち、吉雄権之助はモリソン『英華辞典』の見出し語をまず選択し、次ぎにその項目のうち見出し語以外の英語を蘭訳し、さらに見出し語に対応するオランダ語を、多くの場合、セーウェル『英蘭辞典』（Sewel, W., *A Compleat Dictionary. English and Dutch.* Amsterdam, K. de Veer, 1766.）によって求め、このオランダ語を新たな見出し語として立て、アルファベット順に並べたこと、また、新しいオランダ語見出し語の綴りと性はマルチン『明解オランダ語辞典』（Martin, H., *Bereedeneerd Nederduitsch woordenboek.* Amsterdam, Martin & Comp., 1828.）による場合が多いことを指摘した。しかしながら、マルチン辞書の利用を前提とし、C項目の分析過程を省略して報告したため、必ずしも説得的ではなかった。

　本稿では、蘭英漢対訳辞典の編纂法を解明するために、まず、日本人の辞書編纂者が見出し語をアルファベット順に配列する作業は、この蘭英漢対訳辞典編纂において初めて行われたのか、先行する対訳辞典において既に行われていたのかを確認し、この辞典におけるアルファベット順配列の意味を考察する。ついで、C項目を対象にして編訳の実態を改

めて分析し、最後に、井田が上記のように想定した蘭英漢対訳辞典の編纂におけるシーボルトの指導をめぐって、考察を試みたい。

1 アルファベット順配列の意味

　文政年間までに日本人が編纂した西洋語対訳辞典について、見出し語の配列に着目すると、稲村三伯編集の蘭日辞典『波留麻和解』(いわゆる「江戸ハルマ」) は寛政8年 (1796) に見出し語のオランダ語をアルファベットの木活字で印刷完了し、その後、日本語の訳語を書き入れたものであり、見出し語は原典のハルマ『蘭仏辞典』(1729) において既にアルファベット順に配列されていた。
　森島中良編『類聚紅毛語箋』(寛政10年1798刊、のち『蛮語箋』と改題) は一種の漢蘭辞典であり、見出し語の漢語は天文・地理・時令・人倫などの部立てに従って分類され、多く日本語の読みガナを付け、各部内では関連語ごとにまとめて配列している。訳語のオランダ語はカナ書きである。
　辻蘭室が寛政7年 (1795) に起稿した日蘭辞典「蘭語八箋」(写本、京都大学文学部図書館所蔵) も天文・地理・人品・神仏など部立てを採用しているが、見出し語は主として「江戸ハルマ」から訳語 (日本語) を採取し、各部内でイロハ順に配列している。訳語のオランダ語はアルファベット綴りである。日本の地名などはケンペル『日本誌』蘭訳を利用している。
　馬場佐十郎稿・奥平昌高編刊の日蘭辞典『蘭語訳撰』(Nieuw Verzameld Japans en hollandsch WOORDENBOEK. 1810.) は節用集にならって見出し語の日本語を「伊呂波」順に配列し、「伊呂波」ごとに天文・地理・時令・人品などの部立てを採用しているが、見出し語の日本語は漢語の読みガナを兼ねており、一種の日漢蘭対訳辞典といえる。訳語は

木活字のアルファベットで印刷されている。

本木正栄訳述「諳厄利亜興学小筌」(文化8年1811成)の本文は「類語大凡」と名付けられた乾坤・時候・数量・官位人倫人事などの部立てによる英語分類語彙篇、「平用成語(Familiar phrases)と題する日常会話篇(2章)、「学語集成」(Dialogues)と題する対話篇(36章)の3篇からなるが、「類語大凡」の英単語もアルファベット順配列ではない[8]。

なお、「諳厄利亜興学小筌」の底本は本木正栄の「凡例」(文化8年春)によれば、「五十年前先人」(本木良永、1735-1794)が「蘭人」から借りて「写蔵」した「和蘭の学語を集成したる書にて、一傍に和蘭語、一傍に諳厄利亜語と両側に細写したるもの」であった[9]。「類語大凡」と「平用成語」の典拠は未詳であるが、「学語集成」すなわち対話篇全36章の底本はアムステルダムで出版された Willem Sewel, *A Compendious Guide to the Low Dutch Language.* および同著者の *Korte Wegwyzer der Engesche taale.* に共通する第2部 The Second Part ／ 't Tweede Deel(英蘭対訳対話編)である。底本に使用された版種の同定は両書とも版種が多いため困難であるが、「学語集成第三十三　在旅館之問答」(The Thirty-Third dialogue. Being in an Inn)は前者の1740年版(Amsterdam, Jacob ter Beek)以降の版に欠落していること、同じく前者の1700年版(Amsterdam, Wed. Steven Swart. Yale University Library, Hg19 Se87)の第2部に同文の当該章を確認できるが、章題の番号がローマ数字であることを考慮すると、「学語集成」の底本は両書の1700年より後、1740年より前の版種に限定される。辻蘭室「蘭語八箋」の第44冊に Willem Sewel, *Korte wegwyzer der Engelsche taale.* Amsterdam,(Wed. Steven Swart,)1705. の発音・文法篇の抄本が綴じ込まれていることから、この1705年版の第2部が本木良永によって筆写され、「学語集成」の底本となった可能性がある。

本木正栄訳述「払郎察辞範」(文化11年1814成、長崎歴史文化博物館蔵)も原書ピーテル・マーリン『仏蘭会話教程』(Pieter Marin,

Nieuwe Fransche en Nederduitsche Spraakwijze, 1775.）の語句篇（仏蘭対訳）の翻訳であり、辞典とは言えない。語句の配列はアルファベット順ではなく原書の品詞別章立てのままである。オランダ語に漢語をあて、漢語の多くに日本語の読みガナを付け、仏蘭漢対訳の語句集としているが、フランス語を学習した形跡はうかがわれない。

　本木正栄・楢林高美・吉雄永保等編訳「諳厄利亜語林大成」（文化11年6月成）は英単語約6000語をアルファベット順に配列し、漢語の訳語を与えた英漢辞典である。その草稿（長崎歴史文化博物館蔵）の各英語見出し語には発音のカナ書きとオランダ語が書き添えられ、漢語には多くの場合、日本語の読みガナ、送りガナが施されている[10]。この辞典編纂の起源は、本木正栄が楢林高美（栄左衛門）、吉雄永保（権之助）を助手として「諳厄利亜興学小筌」を完成させたあと、文化8年9月に長崎町年寄高島四郎兵衛あてに、世話役三名の連名で「尚又追々習い取り候言語の分、諳厄利亜イロハ順に仕り、諳厄利亜国語集字引、相仕立て置き申し度く存じ奉り候[11]」（下線は引用者）と編纂の趣旨を述べ、楢林、吉雄の両名の助手採用を願い出たことにあった。「追々習い取り候言語」とは「諳厄利亜興学小筌」訳述の際に、その原書である英蘭対訳文法会話書から採取した英単語と解釈するのが妥当と思われる。

　収録語彙の範囲について、本木正栄の「諳厄利亜語林大成叙」（文化11年6月）では、以下に引用する編纂法を述べた箇所で、「諳厄利亜所有の言詞悉く纂集訳釈し」と誇大な表現で英語の全語彙の収録を宣言しているが、跋文では「宇内宏遠所有の事物其名詞随て相変化するが故に、彼の一国の言詞に於けるも遺漏するもの尚多し」と、新語、新語義の未収録を認めている。これは見出し語を採取した原書が半世紀以上前に父本木良永の書写した書物であることを認識していたからであろう。しかし、遺漏分は「類にふれ義を推して而して是を考察」すればすむので、「彼国普通の言詞に在て一大集成の書」を作ることができたと自負している。

幸いに壬申秋（実は文化8年辛未秋、引用者注）九月言語集成の書訳編の命あり。斯に於て乎、<u>諳厄利亜所有の言詞悉く纂集訳釈し</u>、傍ら参考するに和蘭の書を以てし、猶其疑きものは払郎察の語書を以て覆訳再訂し、遂に翻して皇国の俗言に帰会し、是に配するに漢字を以てし、更に裘葛を歴ること二回にしてこの書初て成る。私に題して諳厄利亜語林大成と云ふ。部を分つ事廿五、巻をなすこと一十五、<u>其ABC（エビシ）を用て部を分ち頭韻を用て類集するものは、専ら彼れが語に触て其意を達せん事を要とす</u>[12]。（下線は引用者）

　文中の「和蘭の書」とはセーウェルなどの英蘭・蘭英辞典、「払郎察の語書」とはハルマあるいはマーリンの蘭仏・仏蘭辞典を指しているはずである。また、「其ABC（エビシ）を用て部を分ち頭韻を用て類集するものは、専ら彼れが語に触て其意を達せん事を要とす」とは、部立てによる分類語彙集が語彙の学習を目的とするのに対し、原典解読を目的とするアルファベット順配列の重要性、利便性を主張した言である。

　この序文からは、まったく零から英単語を集め、アルファベット順に配列したかのような印象を受ける。しかし、実際に「諳厄利亜語林大成」の編纂方法を探ってみると、上述のセーウェルの蘭英・英蘭文法会話書には第2部と同じように、共通の第3部（The Third Part of the Compendious Guide, containing a small Vocabulary. ／ Het Derde Deel van de korte Wegwyser, zynde een Woorde-Boekje.）があり、このアルファベット順の英蘭語彙集を大幅に増補する方法が採用された。採取した英単語をアルファベット順のしかるべき場所に挿入し、オランダ語の訳語を増補する作業である。草稿をみると、配列を間違えて番号をあとから付けた箇所が随所にみられ、苦労がしのばれる。単語の語末のie/yの交代から推定すれば、「諳厄利亜語林大成」の底本には *A Compendious Guide to the Low-Dutch Language*. The Third Edition. Amsterdam, Kornelis de Veer, 1760.の第3部が使用されたようである。

吉雄権之助はこのように「諳厄利亜興学小筌」について「諳厄利亜語林大成」の編纂にも助手として参画する中で、英語力を付け、アルファベット順配列の重要性を認識したはずである。
　文化8年（1811）から文化13年（1816）までの間、権之助が商館長ドゥーフに協力して成立した「ドウフ・ハルマ」初稿も、1817年までにほぼ完成したその増補改訂稿「和蘭辞書和解」も、見出し語のオランダ語は原典のハルマ『蘭仏辞典』（1729）に従ったアルファベット配列であった。
　大江春塘編・奥平昌高刊『バスタールト辞典』（Nieuwe-Gedruct Bastaardt Woorden-Boek. Jedo, 1822.）は原書メイエル『辞学宝鑑』第6版（Meijer, L., *Woordenschat*. Den zesden druk. Amsterdam, 1688[13]）の第Ⅰ部「外来語辞典」（Bastaardt-Woorden）を日本語に翻訳した術語辞典である。見出し語はオランダ語におけるラテン語、フランス語起源の術語で、木活字で印刷されている。その配列も原書通りである。
　文化年間に成立したと推定される宇田川玄真編「検篋」（杏雨書屋、香川大学神原文庫、京都市立西京高校所蔵）あるいは「検篋韻府」（神田外語大学洋学文庫所蔵）はオランダ語の文法語（冠詞、副詞、前置詞、関係代名詞など）をアルファベット順に配列して例解した、一種のオランダ語文法辞典である。見出し語は中野柳圃（志筑忠雄）がマーリン『蘭仏辞典』第3版（Marin, P., *Groot Nederduitsch en Fransch Woorden-Boek*. Derde druk. Dordrecht, Amsterdam, Rotterdam, 1752.）から文法語を抜粋して研究した「助詞考」（文化元年1804頃成）を基に、マーリン辞典によって大幅に増補したものである[14]。
　以上のように、文政年間までに日本人が編纂した西洋語対訳辞典のうち、編纂者自身がアルファベット順配列を行ったのは、「諳厄利亜語林大成」が初めてであり、吉雄権之助の蘭英漢対訳辞典のアルファベット順配列には、「諳厄利亜語林大成」の編纂経験が生かされたことになる。
　ところで、他のアルファベット順対訳辞典はオランダ語なり英語なり

を日本人が学ぶため、特に原典を読解するための辞典であったが、吉雄権之助の蘭英漢対訳辞典はそうではない。この辞典は一般語に専門語を加えた中国語・中国文化辞典たる『英華辞典』をオランダ語に抄訳したもので、アルファベット順に配列されたオランダ語の見出し語によって、中国語と中国文化をオランダ語を通して学ぶことができる。すなわち、阿蘭陀通詞のための中国語・中国文化辞典となっているのである。

　英語は見出し語のオランダ語に対応する英単語が原則として一語、品詞区分なしに見出し語に添えられているにすぎない。『英華辞典』に示されている中国語の単語、例句、例文の発音表記と英訳は省略され、英訳のオランダ語訳のみが示されている。したがって、この辞典は阿蘭陀通詞のための『英華辞典』活用ハンドブックの性格も帯びているのである。また、『英華辞典』の序文でモリソンが『英華辞典』本文中の漢字から『中国語辞典』の Part I と Part II を検索して学習効果を上げるよう勧めているように、吉雄権之助が編纂したこの蘭英漢対訳辞典は『康熙字典』に基づいた部首引きの Part I 『字典』3 巻（1815-1823）と Part II 『五車韻府』2 巻（1820-1822、第 1 巻はアルファベット順配列の音引き字典、第 2 巻は検字・弁字・英語索引・漢字書体一覧などからなる）を検索する手引きにもなるのである。

　1825 年から出島で助手としてシーボルトに仕えたドイツ人薬剤師ハインリッヒ・ビュルガー（Heinrich Bürger, 1806-1858）が 1828 年 11 月、広東のロバート・モリソンを訪問し語った内容は吉雄権之助のモリソン辞典翻訳についての同時代的証言として、よく引用される。モリソンの未亡人が著した伝記『回顧録　ロバート・モリソンの生涯とその功労』の中で、モリソンの私的書簡（宛先は伏せられている）から抜粋する形で、「ヨーロッパの言語学者（Philologists）におそらく知られていない事実」として紹介されている部分である。しかし、当時の長崎におけるモリソン『中国語辞典』の受容状況についても、貴重な情報を含んでいるので、改めて拙訳で引用しよう（下線は引用者）。

11月18日。今日、D家で夕食を取りました。日本から来たビュルガーという名のオランダに仕官している外科医と会うためでした。この人物から取って置きのニュースを聞いたのでお知らせします。なんと日本人通訳たちがモリソン辞典を日本語に翻訳中だというのです。実に興味深く、関心を引く事実です。世界のこの地域で出版を盛んにすべしという私の説を補強するものです。聖書が日本に早く届くようになることを希望します。ご存じのように、昨年ロシア政府が私の辞典をロシア語に翻訳することを望んだのに、わが聖書協会は計画に冷水を浴びせたのでした。

28日。ビュルガー氏が私を呼んで、日本と近隣の諸島について多くを話してくれた。そこで同封の招待状のように、氏を東インド会社へ招きました。その話によると、長崎の日本人の間では、アルファベット順のモリソン辞典からの抜粋（extracts from Morrison's Dictionary, arranged according to the Alphabet）を自分たちの扇子に装飾として書き記し、贈答しあっているというのです。彼らにはアルファベット順配列（The Alphabetical arrangement）が新奇なのです。マジョリバンクスは日本人が英語を通して新しい中国語辞典を入手した状況に感銘を受けました。

29日。私は訳者のゴノスキ・コキザス（Gonoski Kokizas）に私の辞典を一部送るよう、日本へ指示を出しました。ビュルガー氏は私がゴノスキに挨拶状を書いた方がよい、それを届けましょうと言ってくれた。私はまた、ビュルガー氏にその辞典を一冊手に入れるように頼み、中国の書籍と刷り物を32ドル分、与えました[15]。)

モリソンは「ゴノスキ」（吉雄権之助）らによるモリソン辞典翻訳のニュースを聞くや、宣教のための出版事業の正しさを再確認し、自分の中国語訳『神天聖書』（マラッカ、1823刊）の日本への普及を願ったが、10日後にビュルガーから詳しく聞かされた日本事情のなかに、キリス

ト教禁教のことも含まれていたかも知れない。それにも増して我々の注意を引くのは、「長崎の日本人の間で」、モリソン『中国語辞典』PartⅡ『五車韻府』第1巻のアルファベット順音引き字典がその新奇さから話題となり、その巻の漢字の配列を抜粋して扇に装飾として書き写し、贈答し合っていた、というくだりである。この場合の「長崎の日本人」とはモリソン辞典の翻訳を手伝っていた通詞仲間や吉雄権之助の門人蘭学生、あるいはその周辺の比較的狭い範囲の日本人を指すと考えられる。いずれにしても、モリソン辞典のアルファベット順音引き字典を抜粋書写できるか、抜粋を入手しうる立場にいた人々である。

　モリソンはビュルガーから権之助が翻訳主幹と教えられ、さっそくビュルガーを介して翻訳された辞書を入手しようとする。友人のマジョリバンクス[16]はアルファベット順音引きの漢英辞典が日本人にとって新奇であり、それを日本人が歓迎した様子に感銘を受けている。この二つの事実から、権之助は英文の蘭訳と見出し語の選定に専念し、権之助に協力した阿蘭陀通詞たちの作業は、おもに、権之助が見出し語として選定したオランダ語をアルファベット順に並べ、翻訳草稿を書写するすることにあったのではないか、と推定される。通詞といえども既成のオランダ語辞書の検索とは違い、辞書編纂者の立場で見出し語をアルファベット順に並べる作業には苦労したに違いない。それだけに、モリソン辞典のアルファベット順音引き字典には一層の関心を示したのではないだろうか。蘭英漢対訳辞典は阿蘭陀通詞の中国語・中国文化学習のために作成され、通詞の間に写本が広まり、モリソン辞典の検索に利用されたと推定できるだろう。

2　見出し語選定に利用された辞典類

　吉雄権之助訳蘭英漢対訳辞典はモリソン『英華辞典』（1822）の見出

し語を選択してその項目をオランダ語に翻訳し、対応するオランダ語の見出し語を付したものである。オランダ語見出し語の延べ数を高峰本によって、アルファベット項目ごとに示せば、A（274）、B（381）、C（11）、D（242）、E（63）、F（25）、G（240）、H（196）、IJ（57）、K（197）、L（130）、M（138）、N（71）、O（259）、P（91）、R（83）、S（258）、T（103）、U（43）、V（375）、W（139）、Z（110）、総計3486である。IJ は当時のオランダ語辞書にならって区別せず、1項目として扱っている。QXYの3字母分は項目を立てていない。これらのオランダ語見出し語は底本の英語見出し語を英蘭辞典などで検索して選定している。多少の誤差はあるかもしれないが、底本から英語の見出し語または項目をほぼ同数（ただし延べ数）選択したと推定される。本章では選択された英語見出し語からオランダ語の見出し語がどのように選定されたかを具体例によって検証する。検証に入る前に、まず、この辞典の見出し語の文法的特徴に注目しよう。

　辞書編纂経験者がこの辞典を手に取って最初に気づくのは見出し語の文法ラベル（品詞、性、数、変化形などの指示）が名詞に限られており、名詞以外の見出し語は一切文法ラベルが付けられていないことだろう。しかも、名詞の見出し語は z. または z. n.（いずれも名詞を意味するzelfstandig naamwoord の略号）の品詞ラベルを使用せず、下記の例のように直後に性だけを m.（mannelijk、男性）、v.（vrouwelijk、女性）、o.（onzijdig、中性）の略号で示している。

　　　boom, m. tree, 樹；樹木.
　　　bloem, v. flower, 花.
　　　kind, o. child, 嬰；嬰児.

　象山本の A 項目から中性名詞の見出し語、その文法ラベル、英語の訳語のみ、中国語を省略して抄出すれば、表1の如くである。

表1　A項目の中性名詞

aanbeeld, o.	anvil
aangezigt, o.	face
aanlokkers [sic*], o.	allurement
aanschijn, o.	face
aantal, o.	number
aanzien, o.	respect
aas, o.	bait
afscheid, o.	leave
aftrekkel [sic**], o.	infusion
alle mensdom, o.	all mankind
alphabet, o.	alphabet
altaar, o.	altar
ambacht, o.	handcraft
anker, o.	anchor
anijszaad, o.	annisseed
antwoord, o.	answer
aspunt, o.	pole
avondmaal, o.	supper

*aanloksel　**aftreksel の誤り

　江戸時代に舶載されたオランダ語辞書のなかで、m.／v.／o.の略号で名詞の性を示す辞書は、以下の3種だけである。最初のウェイラント『オランダ語博言辞典』はバタフィア共和国時代（1795-1806）に国民主義的な国語政策のもとで編纂された本格的な国語辞書として知られ、例文は古典作家の文章が多く、語源や文法的説明に詳しい規範的辞書である。2番めはその簡約版である。最後のマルチン『明解オランダ語辞典』は現代語を大幅に増補した簡便で実用的な辞典であり、文法辞典、正書法辞典も兼ねている。

　Weiland, P., *Nederduitsch Taalkundig Woordenboek*. Amsteldam, 1799-1811. 11 vols.

Id., *Beknopt Nederduitsch Taalkundig Woordenboek*. Amsterdam, 1826-1830. 5 vols.

Martin, H., *Bereedeneerd Nederduitsch Woordenboek in Zak-Formaat*. Amsterdam, Martin & Comp., 1828.（再版は 1829 年）

このうち、名詞についてだけ品詞ラベルを省略しているのは次の例のように、マルチン『明解オランダ語辞典』のみである。m. / v. / o. の略号の直後は名詞の複数語尾が示されている。

Boom, m. en. Houtachtige plant, waarvan de stam hoog, dik en hard is.
Bloem, v. en. Jaarlijksch voortbrengsel der planten, gewoonlijk eenen aangenamen geur hebbende, [...].
Kind, o. eren. zoon of dochter in betrekking tot hunnen vader of hunne moeder.

一方、舶載された他のオランダ語辞書のなかで、日常的な例文が豊富なため阿蘭陀通詞にもっともよく利用されたハルマ『蘭仏辞典』（第 2 版 1729、第 3 版 1758[17]）は、名詞見出し語のうち男性名詞には z.m.（mannelijk zelfstandig naamwoord）、女性名詞には z.v.（vrouwelijk zelfstandig naamwoord）、中性名詞には z.g.（geenerlei zelfstandig naamwoord）の略号を使用している。また、ハルマについで阿蘭陀通詞がよく利用したマーリン『蘭仏辞典』（初版 1717、第 4 版 1768[18]）は文学的な例文が多く、その理解には通詞といえどもかなり困難を覚えたはずであるが、名詞見出し語には品詞ラベルを使用せず、見出し語の直後に m.（masculinum、男性）、f.（foemininum、女性）、n.（neutrum、中性）の略号を使用している。

このように、名詞見出し語の文法ラベルについて、マルチン『明解オ

ランダ語辞典』のみが蘭英漢対訳辞典と際だった共通性を持っていることから、筆者はさきの報告で、蘭英漢対訳辞典の名詞見出し語の性の記載にはマルチン辞書が参照された可能性が高いと判断した。しかしながら、マルチン『明解オランダ語辞典』初版は予約出版であり、アムステルダムでその配本が始まったのは1828年9月であった[19]。同年8月6日（文政11年6月26日）長崎に入港した蘭船コルネリウス・ハウトマンによって舶載されるはずはなく、しかも翌年、蘭船の長崎入港はなかった。シーボルト事件発覚によって文政11年11月長崎での捜査と取り調べが始まり[20]、吉雄権之助は翌年正月28日同道人預かり、5月23日重病に付き親類預かり、天保元年（1830）年8月7日全快に付き吟味の上、同道人預かり、9月18日「急度叱」の処分を受け[21]、翌天保2年5月21日、47歳で没している。文政12年以降は辞書の編纂どころではなく、マルチン辞書も手にすることはなかったと言える。

そこで、改めて上掲のウェイラント『オランダ語博言辞典』を見ると、各冊冒頭の「略号解説」（Verklaring van eenige Verkortingen）は、

    Z.n.   Zelfstandig naamwoord.
    V. m. o.   Vrouwlijk, manlijk, onzijdig.

との表示で始まり、本文は例えば見出し語 Boom, Bloem, Kind では、語義説明（ここでは省略する）の前に次のように品詞、性、属格、複数形（meervoud）、あるいは縮小形（verkleinwoord）や古語（oudtijds）を掲げる。書名の通り、きわめて博言学的であり、近代的な辞書編纂法を示している。

    BOOM, z. n. m., *des booms*, of *van den boom*; meerv. *boomen*.
    BLOEM, z. n. vr., *der*, of *van de bloem*; meerv. *bloemen*. Verkleinw. *bloemken, bloemtje*, nu doorgaans, *bloempje*.

KIND, z. n., o., *des kinds*, of *van het kind*; meerv. *kinders*, *kinderen*. Verkleinw. *kindje*（oudt. *kindeken*）.

　吉雄権之助が蘭英漢対訳辞典において見出し語の品詞ラベルを省略し、名詞にだけ、性を示す m./v./o. の略号を付けたのは、近代的なウェイラント辞典の辞書編纂法の影響と言うよりは、師の中野柳圃（志筑忠雄、1760-1806）から学んだオランダ語文法知識によるものかもしれない。柳圃はセーウェル（Willem Sewel, *Nederduitsche spraakkonst*. Amsterdam, 1708.）、モーネン（Arnold Moonen, *Nederduitsche spraakkunst*, Amsterdam, 1706.)、ゼイデラール（Ernest Zeydelaar, *Nederduitsche spraakkonst*. Amsterdam, 1791.）、ファン・デル・パルム（Kornelis van der Palm, *Nederduitsche spraekkunst voor de jeugdt*. Amsterdam, 1774-1776.）の文法書[22]とマーリンおよびハルマの蘭仏辞典をたよりに独力でオランダ語文法を研究し、「九品詞名目」「蘭学生前父」「三種諸格編」「助詞考」（以上、文化元年 1804 頃成）および「四法諸時対訳」（文化 2 年 1805 成）を著した。

　しかしながら、柳圃のこれらの著作中に名詞の性を m./v./o. の略号で表記したものは見当たらない。柳圃の研究した上記の原書をみると、これらの略号の使用は、一例のみである。すなわち、ゼイデラールの原書の末尾 pp.295-392 の「同音単語表」（Naamlijst van gelijkluidende woorden）は同音異義語と多義語の一覧表であり、名詞には以下の例のように m./v./o. の略号が使用されている。（　）内に訳語を補おう。

Léder. *v.*　　| Leêr, Ladder.　　　　　　　　　　　　（梯子）
Léder. *o.*　　| Leêr, gedroogde vellen van beesten.　（皮革）
Mercurius. *v.* | Jaarschrift, daar tijdingen in beschreeven zijn.
　　　　　　　　　　　　　　　　　　　　　　　　　　　　　（暦）
Mercurius. *m.*| De bode der heidensche Goden.　（マーキュリー）

101

Mercurius. *v.* | Kwikzilver, kwik.　　　　　　　（水銀）

　ところが、初版を大幅に増補改訂したセーウェル『オランダ語文法』第 2 版（1712）の pp.108-167 には、標題紙に謳われているように「名詞性別一覧」（Lyst van de geslacheten veeler naamwoorden）が増補されている。一種のアルファベット順名詞性別辞典である。例として、その C 項目全体を以下に示そう。吉雄権之助がこうした名詞性別辞典の記載形式を何らかの形で知った可能性も否定できない[23]。

Cedel　V.　　　　Cieraad　O.　　　Convoy　V. en. O.
Ceder　M.　　　　Cimbel　M.　　　Courant　V.
Cel　V.　　　　　Cingel　M.　　　Cyfer　V. en. O.
Cement　V. en O.　Cink　V.　　　　Cypres　M.
Ceremonie　V.　　Cirkel　M.　　　Cyns　V.
Chichorey　V.　　Citroen　M.　　Cyter　V.
Cier　V.　　　　　Civót　O.

　つぎに、蘭英漢対訳辞典の見出し語が抄訳の過程でどのように選定されたかを解明するため、分量の少ない C 項目を選んで検討しよう。象山本（全 8 冊、毎半葉 15 行）はもっとも丁寧に書写され、写本の書冊の構成も含めて蘭英漢対訳辞典の原初の形態を伝えていると思われる。その C 項目全体を見出し語の各項目内の改行を無視して示せば、次の通りである。

　　　　　C
cedel, v. bill, 単.
cedr [sic: ceder], m. cedar, 柏香木. een andere soort, 楠木.
cel, v. ingevangenis, cell, in prison, 監房.
cel, inhonigraat, cell, in honey comb, 蜂房.
cercis, 紫荊.
chaos, m. lees kaos, chaos, 混沌. de chaos welke voorafging de

vorming van de hemelen en aarde, 未開闢天地之混沌.

chineesch wortel, china root, or smilax, 土茯, 土茯苓.

chocolaat, v. chocolate, sommige schrijven, 知古辣.

cijffer, v. in de rekunst [sic], is beteekent door, chipher [sic], in arithmetic is denote [sic] bij 零, als, 101, 一百零一.

cijns, m. schatting die den grond heer toekomt, tribute, 貢, 々品, 貢物. betalen cijns, 進貢, 献貢.

cijns, of schatting op koopmanschap, tax, on merchandize, 税, 餉. land cijns, 錢糧. cijns op nieuwelijks gebouwd land, 新賦 ; 新開田畝的錢

cimbaal, v. cijmbals, 鈸. op 凶事単用之 treurige gelegenheden zij worden alleen gebruikt. 做戲則戰陣時用 in spelen zij worden gebruikt wanneer strijden worden vertegewoordigd. klein cimbaals gemaakt van dun koper, 加官 ; 小鈸.

cimbaals worden somtijds genaamd, 銅盤 geelkoper schotels; voortsproten of gekomen van de westelijke of zuidelijke barbaren.

cipier, m. goaler, 監司 ; 監吏.

cipier, keeper, 看守的.

cipres, m. cijpresstree, 柏樹. een boschje van cipres, 柏樹林.

cirkel, m. circle, 円 ; 円圈. maken een cirkel, 打一圈.

citroen, m. lemon, 檸檬. citroen zap, 檸檬水 ; of 檸檬汁.

concilie, o. council, 公議 ; 會議 ; 衆人公議 ; 聚集公議.

　C項目の検討を始める前に、吉雄権之助がモリソン辞典 Part III『英華辞典』の抄訳にあたって使用した可能性のある英蘭辞典類、および筆者が考察にあたって参照した辞典類を略号とともに表2に掲げよう[24]。
　セーウェル英蘭辞典（Sewel 1735）はその初版（1708）の他に1727年版、1749年版、1754年版もあるが、いずれも本文内容は同一と見な

してよいようだ。また、セーウェル蘭英辞典の初版(Sewel 1708)も1727年版、1735年版、1727年版、1749年版、1754年版と版を重ねるが、これも本文内容は同一と見なしてよいようだ[25]。(Buys)は天明年間から舶載され、阿蘭陀通詞や蘭学者が幕末までよく参照した百科事典である[26]。ボイス(Egbert Buys, ca. 1725-1769)がフランス百科全書の英

表2 辞典類

(Morrison III)	Robert Morrison, *A Dictionary of the Chinese Language, in Three Parts*. Part III. Macao, London, 1822.
(Sewel 1708)	Willem Sewel, *A Large Dictionary Dutch and English*. Amsterdam, 1708.
(Marin 1717)	Pieter Marin, *Compleet Nederuduitsch en Fransch Woordenboek*. Amsterdam, 1717.
(Halma 1729)	François Halma, *Woordenboek der Nederduitsche en Fransche Taalen*. 2de druk. Amsterdam, Utrecht, 1729.
(Sewel 1735)	Willem Sewel, *A Large Dictionary English and Dutch*. Amsterdam, 1735.
(Owen)	William Owen, *A New and Complete Dictionary of Arts and Sciences*. 2nd ed. London, Printed for W. Owen, 1763-1764. 4 vols.
(Sewel E-D 1766)	Willem Sewel, A Compleat Dictionary English and Dutch. Amsterdam, 1766.
(Sewel D-E 1766)	Id., *A Compleat Dictionary Dutch and English*. Amsterdam, 1766.
(Marin 1768)	Pieter Marin, *Groot Nederduitsch en Fransch Woorden-Boek*. 4de druk. Rotterdam, 1768.
(Buys)	Egbert Buys, *Nieuw en Volkomen Woordenboek van Konsten en Weetenschappen*. Amsterdam, 1769-1778. 10 vols.
(Holtrop 1789)	John Holtrop, *A New English and Dutch Dictionary*. Dordrecht, Amsterdam, 1789.
(Weiland)	Petrus Weiland, *Nederduitsch taalkundig woordenboek*. Amsterdam, 1799-1811. 11 vols.
(Holtrop 1801)	John Holtrop, *A New Dutch and English Dictionary*. Dordrecht, Amsterdam, 1801.
(Holtrop 1823)	Id., *English and Dutch Dictionary*. Dordrecht, Amsterdam, 1823.
(Holtrop 1824)	Id., *Dutch and English Dictionary*. Dordrecht, Amsterdam, 1824.

語縮約版とも言える（Owen）をもとに編訳したものである。図版もタイトルとキャプションを蘭訳して、タイトルのアルファベット順に配列し、そのまま採用されている。ボイスはまた、セーウェルの英蘭辞典、蘭英辞典の増訂版である（Sewel E-D 1766）および（Sewel D-E 1766）の共編者でもある。両巻の標題紙によれば、ボイスはセーウェル辞典を「校閲しただけでなく半分以上を増補し、現代綴りに従って改訂した」という[27]。

　以下、ボールド体で示したC項目の項目ごとに、関連する辞書類の項目を抄出し考察を加える。抄出にあたって、（Morrison III）の中国語に添えられた発音表記、およびHoltropの英語見出し語に付けられた発音表記および本文のアクセント記号は省略した。（Sewel 1708）の（M）,（F）,（N）および（Sewel D-E 1766）の（M.）,（F.）,（N.）はそれぞれMasculinum（男性）、Foemininum（女性）、Neutrum（中性）の略号である。また、（Holtrop 1789）および（Holtrop 1823）の（s）はsubstantive（名詞）、（Holtrop 1801）および（Holtrop 1824）の（m.）,（f.）,（n.）はそれぞれmasculine, feminine, neuterの略号である。象山本、高鍋本、高峰本の異同を必要な限り指摘した。［…］は引用者による省略を示す。

cedel, v. bill, 単.

BILL empowering to draw on another persons, 會單. Bill of parcels, 單.（Morrison III）

BILL, *Een cedel, geschrift, handschrift, biliet, ——een opstel* of *ontwerp van een wet die in 't Parlement gemaakt wordt.*（Sewel E-D 1766）

Bill (s.)［…］; a bill, *een geschrift; ordonnantie, plakkaat; —— rekening; —— wisselbrief;* ［…］.（Holtrop 1823）

CEDUL, CEDEL OF CEEL. f. Geschrift, brief. *Ecrit, contract, bail, etc.*（Marin 1717）

CEEL of CEDUL. Brief, handschrift, lyst. *Cedulle, lettre, liste, obligation.*f. *Ecrit, contract, bail.*m.（Marin 1717）

CEDEL. *z. m. ond. w.* Ceêl, naamlijst. *Liste, catalogue des noms.*（Halma 1729）

CEDEL,（F.）*A note* or *bill, a scrowl.*（Sewel D-E 1766）

　考察1：（Morrison III）の例句の見出し語 BILL を（Sewel E-D 1766）で引き、訳語の先頭にある cedel を採用し、**cedel** が女性名詞であることを（Sewel D-E 1766）で確認したと思われる。（Marin 1717）も女性名詞としているが、（Halma 1729）は男性名詞、外来語（onduitsch woord）としている。（Morrison III）の BILL は empowering to draw on another persons（他者への支払いを可能にする）との説明が付いており、手形の意味であるが、この説明は訳出せず、対応する漢語（會單）も採用せず、**bill** に新たな訳語「単」を与えている。また、Bill of parcels（小荷物の送り状）も訳出していない。（Holtrop 1823）の Bill 項目には、cedel の訳語は見当たらず、利用された形跡はない。（Sewel E-D 1735）の BILL 項目は大文字の異同を除いて（Sewel E-D 1766）と変わらない。

ceder, m. cedar, 柏香木. een andere soort, 楠木.

CEDAR, 柏香木：another species; 楠木.（Morrison III）

CEDAR, *een Ceder.*（Sewel 1735）

CEDAR, *een Céder.*（Sewel E-D 1766）

CEDER,（M.）（céderboom）*A cedar tree.*（Sewel D-E 1766）

Cedar（*s.* cedar-tree）*Een cederboom.*（Holtrop 1823）

　考察2：**ceder** は高鍋本を採用した。象山本は cedr、高峰本は cedel と誤って綴っている。（Morrison III）の見出し語 CEDAR を（Sewel 1735）または（Sewel E-D 1766）で引き、訳語 **ceder** を得て、（Sewel

106

D-E 1766) で男性名詞であることを確認したと思われる。(Holtrop 1823) の訳語 cederboom は採用されていない。

cel, v. in gevangenis, cell, in prison, 監房.
cel, in honigraat, cell, in honey comb, 蜂房.
CELL, in a prison, 監房.（Morrison III）
cell, in honey comb, 蜂房.（Morrison III）
CELL, *een Munniks vertrek, celle.*（Sewel 1735）
CELL, *Een Munniks vertrek, celle, een Zaethuisje, de holletjes in Honigraaten.*（Sewel E-D 1766）
CEL,（F.）（kamertje）*A cell. Al de cellen van een Klooster bezichtigen, To see all the cells of a convent.*（Sewel D-E 1766）
Cell,（*s.*）*Eene cel of kamertje der monniken.*（Holtrop 1823）
Cel（*f.*）*A small room in a convent for each friar or nun; also any private retirement.*（Holtrop 1824）

　考察3：(Morrison III) の見出し語CELLのオランダ語訳celは（Sewel 1735）、（Sewel E-D 1766）のいずれからも得られない。（Sewel E-D 1766）は僧侶の独居室に加えて、植物の萌果、蜂の巣の房室の語義を増補してしているが、celの語形は示されない。celは（Sewel D-E 1766）によるものか、（Holtrop 1823）によるものか、にわかに決められない。ところでhoney combは（Holtrop 1823）ではHoney項目中の合成語「honey-comb, *honigraat*」として検索できるが、（Sewel D-E 1766）ではHONEY項目では検索できず、COMB項目中の合成語として「Honey-comb, *Honigraat*」がやっと見つかる。celは（Holtrop 1823）から採択され、その性は（Holtrop 1824）によるだろう。

cercis, 紫荊.
CERCIS SILIQUASTRUM, 紫荊.（Morrison III）

考察 4 : 見出し語 cercis は（Morrison III）の掲げる学名の属名による。（Sewel, 1766）、（Holtrop 1823）、（Martin 1828）のいずれにも見当たらない。Cercis siliquastrum の中国名は南欧紫荊[28]、日本名はセイヨウハナズオウ。本書で植物の学名あるいは属名を見出し語にするものについては、次章でまとめて検討しよう。

chaos, m. lees kaos, chaos, 混沌. de chaos welke voorafging de vorming van de hemelen en aarde, 未開闢天地之混沌.
CHAOS, 混沌. The chaos which preceded the formation of the heavens and earth, 未開闢天地之混沌.（Morrison III）
CHAOS, lees KAOS. m. Beyert, verwerring. *Chaos*. m. *Confusion* f. *Melange confus*. m. Wanneer God den Chaos scheidede. *Quand Dieu debrouilla le Chaos*.（Marin 1717）（Marin 1768）
CHAOS, *de Mengelklomp, bayerd*.（Sewel E-D 1735）
CHAOS, *De mengelklomp, bayerd*. ╪Chaos, *Verwarring*.（Sewel E-D 1766）
Chaos. *zie* Bayert.（Halma 1729）
BAYERT. *z.m.* Verwarde vormelooze klomp. *Chaos*.（Halma 1729）
Chaos, (*s.*) *Mengel-klomp, bajert;* — *mengelmoes, verwarring*.（Holtrop 1823）

考察 5 :（Morrison III）の CHAOS 項目を選択し、（Sewel 1735）、（Sewel E-D 1766）、（Holtrop 1823）で chaos を検索しても、chaos がオランダ語でも用いられることは分からない。マーリンの蘭仏辞典（Marin 1717）または（Marin 1768）で CHAOS を検索すれば、オランダ語でも chaos を用い、カオスと読む（lees kaos）ことがわかる。これを採用し見出し語を **chaos, m. lees kaos** としたに違いない。（Sewel E-D 1766）の中見出し語、╪Chaos の記号╪は巻頭の略号表によれば、比喩的な語または表現（A Figurative Word or Expression）を示し、

ここでは Verwarring（困惑）の訳語を与えている。

（Halma 1729）には、Chaos の見出し語があり、Bayert を参照させる。ドゥーフ・ハルマの増補改訂稿「Hollandsch en Japansch woordenboek 和蘭辞書和解」（中之島図書館所蔵）では BAYERT に「渾沌」の訳語を当てる。Chaos が天地開闢以前の状態を指すことを理解した訳語であろう。『バスタールト辞典』（1822）は Chaos を「混シタルモノ／縺レタルモノ」と訳す。これは原書（Meyer, L., *Woordenschat*. Amsterdam, 1688.）第 1 部 Bastaardt-Woorden. の「Chaos, *verwarde klomp, verwartsel, bayerdt*.」項目を踏まえた訳語である。（Weiland）は見出し語に CHAOS ではなく KAOS を立てているので舶載されていたとしても参照されなかったであろう。

なお、（Morrison III）の関係節 which preceded the formation of the heavens and earth の蘭訳 **welke voorafging de vorming van de hemelen en aarde** は従属文で動詞を後置する規則にしたがって welke aan de vorming van de hemelen en aarde vooafging とすべきところを、英文の語順のまま直訳している。

chineesch [sic] wortel, china root, or smilax, 土茯, 土茯苓.
CHINA ROOT, or smilax, 土茯；土茯苓.（Morrison III）
SMILAX, or China root, 土茯；土茯苓.（Morrison III）

考察 6：（Morrison III）の SMILAX 項目ではなく CHINA ROOT 項目の翻訳である。（Sewel E-D 1766）、（Holtrop 1823）のいずれにも CHINA ROOT、smilax の見出し語あるいは用例が見られない。CHINA ROOT（シナの根）すなわち土茯苓は広治正徳年間（1488-1521）に中国で梅毒が大流行した際、軽粉（塩化第一水銀）の代わりに梅毒の治療薬として利用され始めたのが、1535 年にポルトガル領東インドに伝わり、それまで使われていた西インド諸島産の癒瘡木に取って代わったという。学名 *Smilax china* はサルトリイバラ（菝葜）、土茯

苓（またはサンキライ）は *Smilax glabra* という[29]。wortel は男性名詞であり、chineesche wortel とあるべき所を chineesch [sic] wortel と誤記するのは高鍋本、象山本、高峰本に共通している。

阿蘭陀通詞や蘭学者が重宝したウォイト『医薬宝函』初版（1741）は CHINÆ RADIX, *Pok-wortel*、第 2 版（1766）は CHINÆ RADIX, *Smilax aspera Chinensis; Chineesche Pok-wortel* を項目に立てる[30]。一方、（Buys）は（Owen）の China-root 項目を翻訳して CHINA RADIX, Chineesche Wortel の項目を立てる[31]。chineesch [sic] wortel は CHINA ROOT の語学的な直訳ではなく、多少とも本草医薬知識をもった吉雄権之助が（Buys）を参照し確認した結果と思われる。

chocolaat, v. chocolate, sommige schrijven, 知古辣.

CHOCOLATE, some write, 知古辣.（Morrison III）

CHOCOLAAD of CHOCOLAAT. Samen-mengsel, samen-brouwsel van chocolaat-boonen, suiker, banilles &c. De chocolaat deugd niet voor lyvige menschen. *Le chocolat ne vaut rien aux personnes replettes.*（Marin 1717）（Marin 1768）

CHOCOLAAT. Soort van koekjes met Cacaos boonen gemaakt. *Chocolat, tablettes de chocolat.* Chocolaat. Drank met de gemelde koekjes gemaakt. *Chocolat, bruvage fait avec ces tablettes.*（Halma 1729）

CHOCOLAT, *Sjokolaade.*（Sewel 1735）（Sewel E-D 1766）

CHOCOLAAD, *of* Chocolaat, *Chocolate.*（Sewel D-E 1766）

Chocolate (*s.*) *Sjokolaat.*（Holtrop 1789）.

Chocolate (*s.*) *Chocolade.*（Holtrop 1823）

Chocolade, of chocolaat (*f.* soort van koekjes van cacao boonen gemaakt) *Chocolate*; chocolaat (de drank van gemelde koekjes gemaakt) *chocolate.*（Holtrop 1801）

Chocolade, of chocolaad（*f.* soort van koekjes van cacao boonen gemaakt）*Chocolate*; chocolaad（de drank van gemelde koekjes gemaakt）*Chocolate.*（Holtrop 1824）

考察7：ここに掲げた英蘭辞典で見出し語にchocolateの語形を持つものは（Holtrop 1789）、（Holtrop 1823）のみである。いずれも訳語にchocolaatの語形はない。蘭英辞典（Sewel 1708）は項目自体を欠く。（Sewel D-E 1766）の訳語ChocolateはボイスがⅡ増補したようだ。見出し語chocolaatの綴りは蘭仏辞典の（Marin 1717）、（Marin 1768）と（Halma 1729）、蘭英辞典の（Sewel D-E 1766）と（Holtrop 1801）に見える。

吉雄権之助は蘭和辞典「ドゥーフ・ハルマ」初稿の段階（1811～1816）から一貫してその編纂のために商館長ドゥーフに協力していたので、（Halma 1729）は最も身近な辞典であった。そのCHOCOLAAT項目の綴りを採用した可能性が高い。ドゥーフ自筆の初稿は「Chocolaad / Sijocolaat」「Chocolaaddrank / Sijocalaad no senzi sjur」と日本語はローマ字書きであるが、ドゥーフ帰国以後に成った増補改訂稿「和蘭辞書和解」（蘭名Hollandsch en Japansch woordenboek、中之島図書館本）では、Chocolaatの綴りを採用し、「シヨコラート　カヽヲと云ふ豆にて製したるものにて湯に攪て飲む物」「ショコラートの煎汁」の訳語が見える。（Holtrop 1801）と（Holtrop 1824）は訳語の綴りがchocolaat / chocolaadと異なる以外、他は同文で「カカオ豆から作られた菓子の一種」、「菓子類を混ぜて作られた飲み物」と説明する。**chocolaat, v.** の性は（Holtrop 1801）または（Holtrop 1824）によるものだろう。

cijffer, v. in de rekunst [sic], is beteekent door , chipher [sic], in arithmetic is denote [sic] bij 零, als, 101, 一百零一.

CIPHER, in arithmetic, is denoted by 零. As, 101, 一百零一.

(Morrison III)

CIPHER, Een cyfer, talmerk, nul, karakter.(Sewel E-D 1766)

CYFFER, (F.&N.) *An arithmetical figure, cipher.* In cyffer opschryven, *To take in ciphers.*（Sewel D-E 1766）

CYFFER, NAAM-LETTERS. Naam-merk. *Chiffre*.m. *Nom en chiffre.* m.（Marin 1717）

CYFER (N), *Cipher,* In cipher opschryven, *To take in ciphers.* (Sewel 1708)

Cipher (*s.*) *Cijfer, cijferletter* (a figure); —— *geheimschrift, karacterschrift, of ook de sleutel daarvan;* —— *een dooreengevlochtene naamteekening,* [...].（Holtrop 1823）

Cijfer (*n.* geheimschrift, karakterschrift, hetwelk niemand kan lezen, ten zij hij er den sleutel van heeft) *Cipher or ciphers.*（Holtrop 1824）

Cijfer (*n.* eene dooreengevlochtene naamteekening) *A cipher (the letters of a person's name interwoven together, as in a seal).* (Holtrop 1824)

考察8：見出し語 **cijffer** を女性名詞とし、ffとfを重ねる綴りは（Sewel D-E 1766）のみである。（Marin 1717）は CYFFER と綴るが性を示していない。オランダ語の古い綴りのyはijに書き換えられる。このことから（Sewel E-D 1766）の CIPHER 項目で cyfer を得て、その性を知るために（Sewel D-E 1766）の CYFFER 項目を引き、その綴りと性を採用したのものと推定される。（Weiland）は中性名詞としている。（Holtrop 1823）、（Holtrop 1824）はいずれも参照されなかっただろう。高鍋本、象山本、高峰本、三者ともに、rekenkunst（算術）を rekunst ［sic］、denoted を denote［sic］、cipher を chipher［sic］と誤記している。また、is beteekent のように受身の助動詞 worden を使用しない誤用は本辞典でしばしば見られる。英語の前置詞 by をオランダ語式に

bij と綴るのも共通している。

cijns, m. schatting die den grond heer toekomt, tribute, 貢, 々 品. 貢物, betalen cijns, 進貢, 献貢.

cijns, of schatting op koopmanschap, tax, on merchandize, 税, 餉. land cijns, 錢糧, cijns op nieuwelijks gebouwd land, 新賦; 新開田畝的錢.

TRIBUTE, 貢. Articles of tribute, 貢品 ; 貢物. To pay tribute, 進貢; 獻貢.（Morrison III）

TRIBUTE, *Tol, schatting*. To pay tribute to nature, *Den tol der natuure betaalen, d.i. sterven*.（Sewel 1735）

TRIBUTE,（What a state *or* Prince pays to another as a token of dependance）*Cynsgëld, schatting*.

☞Tribute,（*or* tax）*Töl, impost*. +To pay tribute to nature, *Den töl der natuure betaalen, d.i. sterven*.（Sewel E-D 1766）

Tribute（*s*. an assessment or tax laid by a prince upon a conquered people）*Cijns, tol, schatting*; to pay tribute, *schatting of cijns betaalen;* †to pay a tribute to nature（to die）, †*den laatsten tol der natuur voldoen, sterven*;［…］.（Holtrop 1789）（Holtrop 1823）

CYNS,（F.）*Tribute*.（Sewel D-E 1766）

CYNS（F）, *Tribute*.（Sewel 1708）

CYNS.m. Chyns, CYNS-GELD. Oudeigen, schatting die den Grond-Heer toekomt. *Cins, tribut*.m.（Marin 1717）

CIJNS. z. v. Tol, schatting. *Cens, tribut, ferme*.（Halma 1729）

Cijns（*f.* tol, schatting）*Cense, public rates, tribute*.（Holtrop 1824）

TAX on merchandise, 税; 餉. Land-tax. 錢糧. Taxes on newly cultivated land. 新賦; 新開田畝的錢.（Morrison・III）

TAX, *Schatting*. To raise taxes, *Schattingen hëffen*. A land-tax, *Een land schatting.* The Parish-taxes, *De Parochie-lasten.* A tax-gatherer, *Een inzamelaar van schattingen, Kollekteur.* (Sewel E-D 1766)

Tax (*s.* an imposition, impost, duty, or tribute rated upon persons, lands, estates etc.) *Schatting, last, afgift, tol, cijns, of ongeld, verponding van huizen of landerijen.* (Holtrop 1823)

考察9：ここに掲げた英蘭辞典のうち、見出し Tribute に訳語 cijns を当てているのは（Holtrop 1823）のみであり、（Morrison III）の見出し語 TIBUTE に対する英語を求めるのに、（Holtrop 1823）を使用したに違いない。続く Articles of tribute は省略され蘭訳されていない。見出し語 **cijns, m.** の双解となっている **schatting die den grond heer toekomt**（領主が納める貢物）は（Sewel E-D 1766）の TRIBUTE の説 明 What a state *or* Prince pays to another as a token of dependance（国あるいは君主が従属の証しとして他の国あるいは君主に納めるもの）の意訳ではなく、（Marin 1717）の CYNS.m. の双解から schatting die den Grond-Heer toekomt. をそのまま借用したことが明らかである。他の蘭英辞典、蘭仏辞典がそろって女性名詞としているのに対し、**cijns, m.** と男性名詞にしているのも（Marin 1717）を採用した証拠である

京都外国語大学所蔵の蘭仏辞典（Marin 1717）は本木家に伝わったものであり[32]、和蘭通詞本木正栄（1767-1822）の旧蔵書と推定されるが、その CYNS.m. 項目の双解 schatting die den Grond-Heer toekomt. に赤通し（不審紙）が付けられている。この赤通しは正栄の跡を継いだ子の本木昌左衛門（1801-1873）が吉雄権之助の蘭英漢対訳辞典編纂を手伝った証拠と考えられる。

なお、（Sewel E-D 1766）の TRIBUTE の説 明 What a state *or* Prince pays to another as a token of dependance は（Sewel 1735）にはなく、ボイスが増補した部分であろう。凡例によれば、記号☞は見

出し語の別義（The different Significations of a Word）、記号╬は比喩的な語または表現（A Figurative Word or Expression）を示す。（Sewel 35）の TRIBUTE 項目と比較すると、ボイスの増補内容がうかがわれる。

　さて、（Morrison III）の TAX on merchandise は **cijns, of schatting op koopmanschap** と、land-tax は **land cijns** とそれぞれ訳されているが、英蘭辞典で tax から訳語 cijns を得るのは難しい。land-tax は（Sewel E-D 1766）の TAX 項目の中見出しに「A land-tax. *Een land schatting.*」、（Holtrop 1823）の Land 項目に「land-tax, verponding.」の訳語が見えるが、いずれも採用せず、**land cijns** としている。Taxes on newly cultivated land の訳語 **cijns op nieuwelijks gebouwd land** においては、Taxes の複数を無視したためか、cijns を複数形にしていない。（Weiland）は cijns の複数形 cijnzen を示しているが、他の辞典では複数形の記載がない。

　（Morrison III）の異なる見出し語（TRIBUTE, TAX）の項目が同じオランダ語 cijns の見出し語のもとに集約されたのは、（Sewel E-D 1766）の見出し語の別義╬ Tribute, (*or* tax)を参考にした結果かもしれない。オランダ語の動詞不定詞の目的語を、オランダ語文法の規則に反して、**betalen cijns** のように後置するのは本辞典の特徴であり、オランダ人の指導を受けなかったことを物語る。

cimbaal, v. cijmbals, 鈸．op 凶事單用之 treurige gelegenheden zij worden alleen gebruikt. 做戲則戰陣時用 in spelen zij worden gebruikt wanneer strijden worden vertegewoordigd. klein cimbaals gemaakt van dun koper, 加官；小鈸．
cimbaals worden somtijds genaamd, 銅盤 geelkoper schotels; voortsproten of gekomen van de westelijke of zuidelijke barbaren.
CYMBALS, 鈸；made of brass. On 凶事單用之 mournful occasions

they are used alone: 做戲則戰陣時用 in plays they are used when battles are represented. Small cymbals, made of thin copper, 加官；小鈸. Cymbals are called sometimes 銅盤, brass dishes; originated or came from the western and southern barbarians.（Morrison III）

CYMBAL, *een Cymbaal.*（Sewel E-D 1766）

CIMBEL,（M.）*a Cimbal.*（Sewel D-E 1766）

CIMBAAL, CYMBAAL.f. Ringbord, scharbord, driehoekig snaarspeeltuig met vyf ringen die men met een yzer roedje slaat. *Cymbale*.f. *Instrument de musique triangulaire dans lequel sont passez cinq anneaux que l'on touche avec une verge de fer.*（Marin 1717）

CIMBAAL. z.m. Zeker speeltuig. *Cymbales, sorte d'instrument à jouër.*（Halma 1729）

Cymbal（*s.*）*Cymbaal*（*zeker speeltuig.*）（Holtrop 1789）

Cymbal（*s.*）*Cimbaal*（*zeker speeltuig*）.（Holtrop 1823）

Cimbaal, of cimbel（*f.*）*A cymbal*（*a musical instrument*）.（Holtrop 1824）

考察 10：**cimbaal, v.** 項目は（Morrison III）の CYMBALS 項目の翻訳である。英語の cymbals をオランダ語式に **cijmbals** と綴る。対応するオランダ語見出し語は複数形にせず、単数形 **cimbaal** の綴りを（Holtrop 1823）から採用している。**cimbaal, v.** の性は（Holtrop 1824）の（*f.*）、（Marin 1717）の f、いずれを採用したか。綴りを（Holtrop 1823）から採用しているところから、性も（Holtrop 1824）の（*f.*）によった可能性が高い。（Halma 1729）も（Sewel D-E 1766）も男性名詞としている。

（Morrison III）の made of brass（真鍮製）は訳出されていない。受身の助動詞 worden が使用されているが、語順は文法規則によらず、

(Morrison III) の英文の語順に牽引されている。また、On mournful occasions を **op treurige gelegenheden**、in plays を **in spelen** と直訳しているが、語順は副詞句が文頭に置かれた場合の倒置規則によらず、英文の語順のままにしている。

なお、ヨーロッパの楽器の説明としては、(Marin 1717) のオランダ語の双解が最も詳しい。シンバル (ringbord)、プサルテリウム (scharbord)、金輪が5箇つき鉄棒でたたくトライアングル (driehoekig snaar-speeltuig met vyf ringen die men met een yzer roedje slaat) の3語義を挙げる。一方、中国の楽器の説明として、(Morrison III) では鈸に cymbals の訳語を当てているが、モリソン辞典 Part I『字典』Vol. III では、鈸の親字のもと銅鈸、鋪鈸、鐃鈸の熟語を挙げ、certain small bells used to chime in harmony with the chaunting performed by the priests of Budha. との説明を加え、cymbals の語は用いていない。

cipier, m. goaler [sic], 監司; 監吏.
cipier, keeper, 看守的.
GAOLER, 監司; 監吏. (Morrison III)
KEEPER, one that has the superintendance of any thing, 看守的. (Morrison III)
Gaoler, *een Sluyter, Cipier. zie* Jailer. (Sewel 1735)
Gaoler, *een Sluiter, Cipier. zie* Jailer. (Sewel E-D 1766)
Goaler, *een Sluiter, Cipier.* (Sewel E-D 1766)
Gaoler (s. jailer) *Een Cipier, of stokbewaarder.* (Holtrop 1789)
Gaoler (s. jailer) *Een cipier of stokbewaarder.* (Holtrop 1823)
Keeper, *Een bewaarder, houder, behouder.* The keeper of a prison, *de Gevangenhoeder, Stokwaarder, Cipier.* (Sewel E-D 1766)
Keeper (s.) *Bewaarder, wachter;* —— *sipier;* [...]. (Holtrop 1789)
Keeper (s.) *Bewaarder, wachter;* —— *cipier;* [...] . (Holtrop 1823)

CIPIER, (M.) (stökwaarder) *A jailer, goaler* [sic]. De cipier gëld in de hand duuwen, *To give the goaler* [sic] *a bribe*. (Sewel D-E 1766)

CIPIER. *zie* Cepier. (Halma 1729)

CEPIER. *z. m.* Dienaar van 't Gerigt, die de gevangens bewaart en spijst. *Geolier; concierge d'une prison.* (Halma 1729)

Cipier (*s. m.*) *A jailer.* (Holtrop 1824)

考察 11：(Morrison III) の KEEPER の定義 one that has the superintendance of any thing は訳出されていない。goaler [sic] の綴りは象山本、高鍋本、高峰本に共通である。(Sewel 1735)、(Holtrop 1789)、(Holtrop 1823) は見出し語に gaoler を掲げ、goaler の見出し語はない。(Sewel E-D 1766) だけが Gaoler と Goaler の両方を見出し語に掲げる。(Morrison III) の GAOLER の訳語に **cipier** を得るには (Sewel 1735) や (Sewel E-D 1766) からよりは、(Holtrop 1789) や (Holtrop 1823) からの方が近道である。gaoler ではなく **goaler** [sic] となったのは、**cipier** の性を求めるのに (Sewel D-E 1766) の CIPIER, (M.) 項目を検索し、その項目中の *goaler* [sic] を採用したためではなかろうか。(Morrison III) の異なる見出し語 (GAOLER, KEEPER) の項目が同じオランダ語 cipier の見出し語のもとに集約された道筋は不明である。

なお、ドゥーフ・ハルマの CEPIER の訳語を見ると、ドゥーフ自筆草稿では「Rooban」(牢番)、「和蘭辞書和解」では「入牢の者を預かる役人」と訳している。

cipres, m. cijpresstree, 柏樹. een boschje van cipres, 柏樹林.
CYPRESS tree, 柏樹. A grove of cypress, 柏樹林. (Morrison III)
a CIPRESS tree, *een Cypres, cipresseboom.* (Sewel E-D 1766)
CYPRESS, *een Cypres.* (Sewel E-D 1766)

CIPRES of CYPRES, CIPRES-BOOM.m. Boom die altyd groen blyft, en als een pyramide opwast. *Ciprès, arbre toujours verd et qui croît en pyramide.*（Marin 1717）

Cypress, or cypress-tree *Cipressenboom.*（Holtrop 1823）

Cipres, of cipresboom（*m.*）*A cypress.*（Holtrop 1824）

GROVE, *Een klein bosch, een hout.*（Sewel, 1766）

Grove（*s.*）*Een klein boschje, een starrebosch.*（Holtrop 1823）

　考察 12：cipres, m. の訳語 cijpresstree は高峰本による。これは（Morrison III）の CYPRESS tree をオランダ語式に綴ったものである。高鍋本と象山本は cipresstree と綴る。これは（Sewel E-D 1766）の見出し語 a CIPRESS tree によるものだろう。**cipres, m.** の綴りと性は、（Sewel E-D 1766）で CYPRESS を引きオランダ語 cypres を得て、（Marin 1717）により決定したと思われる。（Morrison III）の A grove of cypress を **een boschje van cipres** と訳しているのは、（Holtrop 1823）の Grove 項目から boschje を採用したと思われる。

cirkel, m. circle, 円 ; 円圏. maken een cirkel, 打一圏.

CIRCLE, 圓 ; 圓圏. To make a circle, 打一圏.（Morrison III）

CIRCLE, Een kring, cirkel, ring, kreits.（Sewel E-D 1766）

Circle（*s.*）*Cirkel, ring, kring, omtrek, ronde linie*（an orb, or circular line）; [...].（Holtrop 1823）

CIRKEL,（M.）（kring）*a Cercle.*（Sewel D-E 1766）

CIRCUL of CIRKEL. m. Kring, rondelyn. *Cercle.* m.（Marin 1717）

CIRKEL, *of* Cirkul. *z. m. een ond. w.* Kring. *Cercle, rond.*（Halma 1729）

Cirkel（*m.* kring）*A circle, a compass, a ring; a circular line*; [...].（Holtrop 1824）

　考察 13：見出し語 **cirkel, m.** の綴りは（Holtrop 1823）、性は（Holtrop

1824）によるだろう。**maken een cirkel** の語順はオランダ語文法の規則によらず、(Morrison III) の To make a circle に牽引されたためである。

citroen, m. lemon, 檸檬. citroen zap, 檸檬水; of 檸檬汁.
LEMON, 檸檬, Lemon juice, 檸檬水, or 檸檬汁.（Morrison III）
LEMON, *een Limoen*.（Sewel 1735）
LEMON, *een Limoen, Citroen*.（Sewel E-D 1766）
LIMOEN. z. v. Lamoen, Citroen. *Citron, limon*.（Halma 1729）
LIMOEN, LAMOEN, in de straattaal, sappige citroen. *Limon, citron plein de jus*.m.（Marin 1717）
Lemon (*s.*) *Eene citroen; a lemon-tree, een citroenboom*.（Holtrop 1823）
CITROEN,（M.）*a Citron*.（Sewel D-E 1766）
CITROEN. Limoen, vrugt van den citroen-boom. *Citron, fruit du citronier*.m.（Marin 1717）
CITROEN. z. m. Citroenappel, citroenpeer, zekere vrugt. *Citron, sorte de fruit*.（Halma 1729）
Citroen (*f.*) *A citron (an agreeable fruit, resembling a lemon)*; [...].（Holtrop 1824）

考察 14：(Morrison III) の LEMON のオランダ語訳として limoen ではなく citroen を選び、見出し語 **citroen** とするには、(Holtrop 1823) の Lemon 項目から *citroen* を採用するのが一番の近道だろう。(Sewel E-D 1766) は (Sewel 1735) を増補して Citroen を加え、Limoen と Citroen を区別していない。(Halma 1729) も同様である。(Marin 1717) は区別し、LIMOEN あるいは LAMOEN は町なかの言葉で、果汁の多い citroen であると説明する。

citroen, m. とあるように、性は (Holtrop 1824) の女性名詞を採用

していない。この女性名詞の Citroen は訳語 citron と語釈から、レモンではなくシトロン（マルブシュカン）を指していることが分かる。男性名詞としたのは（Halma 1729）、（Sewel D-E 1766）のいずれかによっただろう。吉雄権之助が協力した「ドゥーフ・ハルマ」のドゥーフ自筆草稿では、「Citroen zm Citroenappel / Daidai no Roei」、「Limoen zv Lamoen / Daidai」とし、日本語訳は両者を区別していないが、その後の「和蘭辞書和解」では、それぞれ「CITROEN. z. m. Citroenappel, citroenpeer, zekere vrugt. 橙の類」、「Limoen. z: v: lamoen, citroen. 柑類（汁の酸きものばかりを斯く名つく甘きものは此限にあらず単にリムーンと名るものは崎陽にてかぶすといふものに似たりといへり）」と増補改訂し、citroen と limoen の語義を区別している。性は（Halma 1729）によった可能性が高いと思われる。

　（Morrison III）の Lemon juice を citroen zap と訳していることについて考察すると、まず、sap ではなくオランダ語の古い綴り zap を使っている理由は不明である。次に citroen zap の訳語は Lemon の訳語 citroen と juice の訳語 zap［sic］を当てはめて citroen zap と訳したようだ。ところが、上記の辞典類を見ると、蘭英辞典には Limoensap, *Lemon juice.*（Sewel D-E 1766）、蘭仏辞典には Lamoen Sap. *Du jus de citron.*（Marin 1717）、Limoensop. *z. g.* Limoennat. *Jus de citron, ou de limon.*（Halma 1729）の例は見つかるが、蘭英辞典にも蘭仏辞典にも citroensap の見出し語は見当たらない。これは18世紀半ば過ぎまでオランダ語では、レモンを指す日常語としてフランス語起源の citroen よりも limoen が優勢であったことを意味する。19世紀以降は limoen が廃れ、レモンを指す日常語は citroen が取って代わり、limoen は20世紀にライムを意味する語として復活した[33]。（Holtrop 1823）が Lemon に citroen の訳語を与えているのはこの変化の現れである。レモンジュースを意味する citroensap の初出[34]は不明であるが、『オランダ商工業事典』（1843）の CITROENSAP 項目は、同義の外国語とし

て、「eng. *lemon juice;* fr. *jus de citron;* du. *Citronensaft;* itl. *agro di cedro,* of *di limona*[35]」)を挙げている。(Holtrop 1823) を頼りにした阿蘭陀通詞（吉雄権之助）の直訳 citroen zap は結果的に、limoensap から citroensap へのレモンジュースの名称変化に期せずして一致したと言える。

concilie, o. council, 公議 ; 會議 ; 衆人公議 ; 聚集公議.
COUNCIL, 公議 ; 會議 ; 衆人公議 ; 聚集公議.（Morrison III）
COUNCIL, *de Raad, Raadsvergadering, Kerkvergadering, Concilie.* (Sewel 1735)
COUNCIL, *De Raad, Raadsvergadering, Kerkvergadering, Concilie.* (Sewel E-D 1766)
Council (*s.*) *De raad of raadsvergadering; —— eene kerkvergadering of* concilium; [...]. (Holtrop 1823)
+CONCILIE (N), Kerkelyke vergadering, *a Council.* 't Concilie van Trente, *The Council of Trent.* (Sewel 1708)
CONCILIE, van 't Latynsche woord *Concilium,* Kerklyke vergadering om de betwiste Geloofspuncten te bepaalen. *Concile.*m. *Assemblée generale des Prelats, des Ecclesiastiques, pour decider les articles de Foy en question.* [...]. (Marin 1717)
CONCILIE. zie Kerkelijke vergadering onder *kerk,* of Bisschoppelijk vergadering onder *Bisschop.* (Halma 1729)
CONCILIE, van't Latynsche woord *Concilium,* Kerkelyke vergadering om de betwiste Geloofspuncten te bepaalen. *Concile.* m. *Assemblée générale des Prélats, des Ecclésiastiques, pour décider les articles de Foi en question.* [...]. (Marin 1768)
CONCILIE, *Council, a general assembly of Bishops and Divines to determine matters of Religion.* (Sewel D-E 1766)

Concilie (*n*. groote kerkvergadering van prelaten enz.) *A council (an assembly of prelates and doctors met for the regulating matters, relating to the doctrine or discipline of the church).* (Holtrop 1824)

考察15：見出し語 concilie は（Sewel 1735）または（Sewel E-D 1766）の COUNCIL の訳語 *Concilie.* に由来するらしい。上掲の蘭英、蘭仏辞典のなかで、この Concilie を中性名詞として見出し語に掲げるのは（Sewel 1708）と（Holtrop 1824）だけであり、他の辞典は見出し語に掲げても性の記載がない。（Sewel 1708）、（Holtrop 1824）のいずれかによって性を決定したはずである。その場合、（Sewel 1708）の記号（N）が中性を意味する Neutrum の略号であり、オランダ語の onzijdig（中性）に当たることは辞典の凡例から知ることが出来る。（Holtrop 1824）では凡例に説明がなく、記号（n.）が neuter（中性）の略号であることを知ることはできないが、オランダ語文法の基礎知識があれば、（n.）が中性の記号であることは十分類推が付く。吉雄権之助はオランダ語文法研究の開拓者である師の中野柳圃（志筑忠雄）からオランダ語文法を教授されていたはずである。

ところで、蘭英辞典（Sewel 1708）は見出し語 CONCILIE に「不純オランダ語」（Een Onduytsch woord）すなわち外来語を意味する記号＋を付け、例句に 1543～1563 年開催の「トレント公会議」（'t Concilie van Trente, *The Council of Trent.*）をあげている。CONCILIE は 17 世紀後半にオランダ語の中で使用されていた外来語を集めた、メイエル『辞学宝鑑』第6版（Meijer, L., *Woordenschat.* Amsterdam,1688）第1部「外来語辞典」（Bastaardt-woorden）にも収載され、「Concilie, *raadtsverghadering, landtdagh, landtraadt, kerkverghadering, kerklijke verghadering, kerkghadering.*」との語釈（ゴシック書体をローマン体に改めて引用）が見られる。*raadtsverghadering* は議会、*landtdagh* と *landtraadt* は国会、*kerkverghadering*、*kerklijke verghadering*、

kerkghadering はいずれも宗教会議を意味する。
　このメイエル「外来語辞典」第6版を翻訳した大江春塘編・奥平昌高刊『バスタールト辞典』(1822) では CONCILIE に「評定」の訳語を当てている。メイエル「外来語辞典」第8版[36]（1720）では CONCILIE が消え、代わりにラテン語 CONSILIUM を載せること、CONCILIE はハルマ『蘭仏辞典』初版（1710）に収載されていないが、（Marin 1717）以降はマーリン辞書と競合した（Halma 1729）にも収載されたことから見ると、18世紀初頭にはオランダ語の中で定着したらしい。

　C項目という限られた範囲での検証ではあるが、以上の考察を要約しよう（表3参照）。モリソン『英華辞典』のオランダ語抄訳に付けられ

表3　C項目考察の要約

モリソン英華辞典	蘭英漢対訳辞典		蘭英漢対訳辞典編纂に使用された辞典		参照
見出し語	見出し語	対訳英語	見出し語の選定	見出し語の綴り・性	
BILL	cedel, v.	bill	(Sewel E-D 1766)	(Sewel D-E 1766)	考察1
CEDAR	ceder, m.	cedar	(Sewel 1735) (Sewel E-D 1766)	(Sewel D-E 1766)	考察2
CELL	cel, v.	cell	(Holtrop 1823)	(Holtrop, 1824)	考察3
CERCIS SILIQUASTRUM	cercis		(Morrison III)		考察4
CHAOS	chaos, m.	chaos	(Marin 1717) (Marin 1768)	(Marin 1717) (Marin 1768)	考察5
CHINA ROOT	cineesch [sic] wortel	china root	(Buys)		考察6
CHOCOLATE	chocolaat, v.	chocolate	(Halma 1729)	(Hotrop 1801) (Holtrop 1824)	考察7
CIPHER	cijffer, v.	chipher [sic]	(Sewel E-D 1766)	(Sewel D-E 1766)	考察8
TRIBUTE	cijns, m.	tribute	(Holtrop 1823)	(Marin 1717)	考察9
TAX	cijns	tax	(Sewel E-D 1766)		考察9
CYMBALS	cimbaal, v.	cijmbals	(Holtrop 1823)	(Holtrop, 1824)	考察10
GAOLER	cipier, m.	goaler [sic]	(Holtrop 1789) (Holtrop 1823)	(Sewel D-E 1766)	考察11
KEEPER	cipier	keeper	(Holtrop 1823)		考察11
CYPRESS tree	cipres, m.	cijpresstree	(Sewel E-D 1766)	(Marin 1717)	考察12
CIRCLE	cirkel, m.	circle	(Holtrop 1823)	(Holtrop, 1824)	考察13
LEMON	citroen, m.	lemon	(Holtrop 1823)	(Halma 1729)	考察14
COUNCIL	concilie, o.	council	(Sewel 1735) (Sewel E-D 1766)	(Sewel 1708) (Holtrop 1824)	考察15

たオランダ語見出し語の選定にあたって、cedel、ceder、cijffer、cijns、cipres、concilie は（Sewel E-D 1766）、cel、cijns、cimbaal、cipier、cirkel、citroen は（Holtrop 1823）、chaos は（Marin 1717）または（Marin 1768）、chocolaat は（Halma 1729）、chineesche［sic］wortel は（Buys）に、それぞれ依拠したと推定される。

　性と綴りの決定にあたっては、cedel、ceder、cijffer、cipier は（Sewel D-E 1766）、chaos は（Marin 1717）または（Marin 1768）、cijns、cipres は（Marin 1717）、chocolaat は（Hotrop 1801）または（Holtrop 1824）、cel、cimbaal、cirkel は（Holtrop 1824）、citroen は（Halma 1729）、concilie は（Sewel 1708）または（Holtrop 1824）に、それぞれ依拠したと推定される。

　モリソン『英華辞典』の英語見出し語の双解、例句、例文を英語からオランダ語に翻訳にする際は、（Sewel E-D 1766）と（Holtrop 1823）を特によく利用したと思われる。TRIBUTE 項目の双解では英文を蘭訳せず、（Marin 1717）の説明文を借用する例も見られる（考察9）。オランダ語の訳文の構文は動詞不定詞の目的語の後置（考察9・13）、従属節における語順（考察5）、副詞句のあとの語順（考察10）に見られるように、文法規則によらず原文の英語の構文に従っている。受身の助動詞の用法も原文に牽引されて誤まる例が見られる（考察8）。

3　植物項目

　吉雄権之助の蘭英漢対訳辞典編纂に対するシーボルトの助言指導の有無については、これを検討するに十分な当時の証言も具体的な資料もこれまでのところ得られていない。そこで、この辞典の編纂が行われていた1828年当時、シーボルトは賀来佐之、伊藤圭介の協力を得て、日本植物目録を編集中であったこと、吉雄権之助は賀来佐之、伊藤圭介をは

じめ多くのシーボルト門人にオランダ語を教授していたこと、この辞典には植物・博物項目も目立つことに着目した。これらの事象に関連性を見いだすのは、資料不足のためなお困難であるが、この辞典の植物項目を考察するとともに、今後の検討のために、当時の内外の状況を把握しておきたい。

　原書の Part III『英華辞典』は一般語のほかに、宗教（儒教、仏教、民俗宗教）、法政、産業、博物学、医学など幅広い分野の専門語も多く収録しており、宣教師をめざす学生のための中国文化事典の性格も帯びている。宣教師の立場からモリソンが宗教項目に意を注いだのは当然であるが、数多くの中国植物の学名、属名を含む植物項目や博物項目も目立つ。シーボルトが『英華辞典』をひもといたとすれば、日本の博物研究を主要な目的としてしていただけに、それらの項目がまず眼にとまったはずである。表4に蘭英漢対訳辞典（象山本）のA～IJ項目から植物項目を抄出し、『英華辞典』の対応項目（発音表記は省略）とともに掲げる。

表4　植物項目抄

蘭英漢対訳辞典	モリソン『英華辞典』
aar, v. ear 禾苗, 穂子.	Ear of corn, or fruit of grain, 禾苗; 實; to become full, 成穀.
ajuin, m. onion 葱; 夂頭.	ONION, 葱；葱頭.
aker, m. acron [sic], 橡子；橡樹之子.	ACORN, 橡子；橡樹之子.
aloë, uitheemsche, aloes, foreign, 洋沉. voor aloë woorden [sic] door zommige gegen [sic] den naam van 蘆薈.	ALOES, foreign, 洋沉. For aloes 蘆薈 is given by some. Lignum aloes, 椅楠香.
anijszaad, o. anniseed, 小茴. Star anniszaad, 大茴香; 八角.	ANNISEED, 小茴. Star anniseed, 大茴香, or 八角.
annona reticulate [sic], 番荔枝.	ANNONA RETICULATA, or custard apple, 番荔枝.
appel, m. apple, 平菓.	APPLE, 平菓.
aschboom, m. ashtree, 槐樹.	ASH TREE, 槐樹.
baarden van lelij [sic], dit is, de levens draad, 蓮鬚.	Beards of the water-lily, i. e. the stamens, 蓮鬚.

蘭英漢対訳辞典	モリソン『英華辞典』
bamboes, bamboo, 竹.	BAMBOO, 竹；竹子.
boon, v. bean, vicia faba, 蠶豆. boon van st. ignatius, 苦果.	BEAN, vicia faba, 蠶豆. Beans of St. Ignatius. 苦果.
dadel, m. dade [sic] tree, 棗樹. de dadel fruit, 棗子. gedroogde dadel pruim van India, fruit diospijrus, 柿乾；bereid, 柿餅.	DATE TREE, Chinese, a species of rhamnus, 棗樹. The date fruit, 棗子. Dried date plums of India, fruit of diospyrus, 柿乾；prepared, 柿餅.
dille, v. dillseed, 小茴香.	DILL SEED, 小茴香.
dimocarpus litche, 荔枝. dimocarpus longgan [sic], 龍眼, het draakoog.	DIMOCARPUS LONGAN, 龍眼, the dragon's eye. Dimocarpus litche, 荔枝.
foelie, v. mace, 荳蔻花.	MACE, a spice, 荳蔻花.
galnoot, v. gall, 五棓子.	GALLS, 五棓子.
gember, v. ginger, 薑. versche gember, 生薑；鮮薑；子薑. de smaak van gember is scherp, 薑之味辣.	GINGER, 薑. Fresh ginger, 生薑；鮮薑；子薑. The taste of ginger is acrid. 薑之味辣.
gewricht, o. van de nympha nelumbo, joint of the nympha nelumbo. 藕節.	NYMPHAEA NELUMBO, joints of, 藕; or 藕節.
groente, v. verdure, greens, 菜；青菜；蔬菜. kool, 椰菜. groentensdragende fruiten op den grond, 蔬菜. de mostaardplant gegeten als een groens, 芥菜. tafelgroente, gemeenlijk in kanton, 葛；gedroogd, 乾葛. bloemen gebruikt in geneesmiddel, 葛花. eten groente voedsel, 食素.	VERDURE of the pine unchanged. 松柏蒼秀不改. GREENS, Chinese, 菜；芥蘭菜. VEGETABLE served up to table, 菜；青菜；蔬菜. Vegetables bearing fruit on the ground, 蔬菜. The mustard plant, eaten as a vegetable, 芥菜. Table vegetable, common in Canton, 葛, dried, 乾葛. Flowers used in medicine, 葛花. To eat vegetable food, 食素.
heide, heath, 石草.	HEATH, 石草.
hemerocallis japonica, 玉簪, daar zijn twee verscheidenheden, 白 wit, en 紅 rood.	HEMEROCALLIS JAPONICA, 玉簪; there are two varieties, 白, white; and 紅 hung, red.
hemerocallis graminasa, 萱草.	Hemerocallis graminosa, 萱草.
hennep, m. hemp, 麻. hennepzaad, 麻仁.	HEMP, 麻. (Morrison III) HEMPSEED, 麻仁.
jasmine, 素馨花. wild jasmine, 山素馨花.	JASMINE, 素馨花. wild jasmine, 山素馨花.

蘭英漢対訳辞典	モリソン『英華辞典』
inplanten, implant, 栽. inplanten en besmetten [sic], 栽培; deze uitdrukking is dikwijls gebruikt bij wijze van verleelding [sic: verbeelding] voor overgevende aanwezene dienst aan eenen persoon. inplanten firs en andere boomen, 栽培松柏等樹. inplanten bamboes en bloemen, 種竹栽花. wanneer ook boomen ingeplant zijn, eerst plaats onder het wortel een hoofd van groot knoflook en een duim zoethout, en de insecten zullen nooit dezelve beledigen, 凡栽樹將大蒜一枚甘草一寸放根下永無蟲患.	PLANT, to put into the ground, 栽. To plant and manure, 栽培; this expression is often used figuratively for rendering essential services to a person. Plant firs and other trees, 栽培松柏等樹. To plant bamboos and flowers. 種竹栽花. Whenever trees are planted, first place below the root a head of large garlic and an inch of liquorice, and insects will never injure them, 凡栽樹將大蒜一枚甘草一寸放根下永無蟲患.

　伊藤圭介は文政10年（1827）年9月9日から翌11年（1828）3月まで長崎に遊学して、兄弟子の賀来佐一郎佐之とともに、出島で師シーボルトの日本植物目録編集に協力し、圭介の出発後は、半年近くの間、賀来佐之がシーボルトの日本植物目録の増補改訂に献身した。その当時の実態が最近、遠藤正治らの調査で解明された。賀来佐之は前年文政9年（1826）から吉雄権之助に師事してオランダ語を習い、シーボルトから医学と植物学を学んでいた。また半年に及ぶ長崎滞在中、伊藤圭介は吉雄権之助宅に寄寓した。シーボルトの日本植物目録編集は、圭介が出島に持ち込んだ大量の腊葉標本をもとに、シーボルが同定してラテン名（多くは属名）を教え、圭介が和名を教え、岡研介が通訳し、賀来佐之が筆記を行う形で進められた[37]。

　上述のように、シーボルトの助手であった出島蘭館の薬剤師ビュルガーが広東でモリソンに会い、吉雄権之助ら阿蘭陀通詞たちがモリソン辞典を翻訳中であると伝えたのは1828年11月18日のことであった。『英華辞典』からのオランダ語抄訳作業は、伊藤圭介がシーボルトから植物学の指導を受けるために長崎に到着した文政10年9月9日（1827年10月29日）時点で、すでに始められていたに違いない。吉雄権之助自身が日本植物目録編集に協力した形跡は見当たらないが、賀来佐之ある

いは伊藤圭介からその編集に関する情報を得えられる状況にあったことは確実である。父吉雄幸左衛門（号耕牛、1724〜1800）のドドネウス『草木誌』研究以来、西洋本草研究は吉雄家の家学の一科をなしており、権之助の甥にあたる吉雄常三（俊蔵、号南皐、1787〜1843）によって継承されたが、権之助自身も本草研究に関心を寄せ、シーボルトに父自筆の「ドドネウス本草抄録[38]」）を贈ったようである。

ところで、シーボルトは日本植物の漢名にこだわった。伊藤圭介と賀来佐之の協力を得て滞日中に出来上がった目録には腊葉に基づいて日本植物約1600種を記載したが、神田外語大学附属図書館所蔵「日本植物目録」写本中から発見されたシーボルト自筆の賀来佐之あて1828年の書状[39]は、記載した日本植物のすべてに漢名とその読みを付ける作業を離日までに完成するよう強く指示する督促状であった。

シーボルトの漢字文化へのこだわりは、日本で収集しヨーロッパへ持ち帰った蘭和辞典（ドゥーフ・ハルマや江戸ハルマ）の写本類にも現れている。多くの場合、漢字仮名交じりの日本語の訳語に片仮名で読みを付けさせている。British Library所蔵の写本 Nederduitsch Iapansch Woordenboek（Or. 4811）の場合は、ドゥーフ自筆の初稿（日本語はローマ字表記）の13字母分を写し取り、日本語訳語に片仮名表記をつけ、さらに gemengt chinees（雑な中国語、の意、「漢文」の訳らしい）と名付けられた枠内に漢訳を加えているのである。この写本はシーボルトによれば、1825年に荷倉役のフィッセル（J. F. van Overmeer Fisscher）と協力して「優秀な日本人」（未詳）に作成させたものという[40]。もっとも、例えば「Hoe zal ik dat aanleggen? / Watakfoesiwa dosite sorewo Hazimejooka / ワタクシワトーシテソレヲハシメヤウカ」を「吾得如何始夫」、「Carga, van een schip / Foene no tsoemi nimots wo shihai sur fito / フ子ノ。ツミニモツヲ。シハイスルヒト」を「船之積荷物之支配人」と訳すなど、この「優秀な日本人」の漢訳は極めて和習が強い。唐通事ではなさそうである。

シーボルトが滞日中にモリソン辞典 Part III の pp.172-174 を抜粋した、あるいは抜粋させたと思われる写本[41]がボーフム大学東アジア学部附属図書室所蔵シーボルト・コレクションに伝わっている。この写本は未見であるが、モリソン辞典の当該部分は、FLOWER 項目に挿入された「中国の広東で各月に開花する植物名」（Names of Plants which flower or blossom in each month of the year at Canton, in China.）と題する対照表にあたる。「FIRST MOON'S FLOWERS./1, Yŭh lanhwa, 玉蘭花 Magnolia Yulan.」から「TWELFTH MOON'S FLOWERS. / 148, Shŭy sëen hwa, 水仙花 Narcissus.」まで 148 種の草木について、中国音、漢名、洋名（学名または英語名）を対照させたものである。この対照表の末尾で注記するように、モリソンはこれらの植物の学名（Botanical names）を「リーヴス氏」（Mr. Reeves）に負っていた。

　「リーヴス氏」とは Part III 巻頭の NOTE で、モリソンが「植物用語および他の博物用語（the Botanical and other terms in Natural History）は主にジョン・リーヴス王立協会会員兼リンネ協会会員（F.R. & L. S.）とジョン・リヴィングストン医学博士からの提供による」と断っているジョン・リーヴス（John Reeves, 1774-1856）に他ならない。リヴィングストン（John Livingstone, c. 1770-1838？）は広東の東インド会社勤務の外科医でロンドン園芸協会通信会員。1820 年マカオに中国人向け診療所を設立した[42]。リーヴスは 1812 年から 1831 年までマカオに住み、広東の東インド会社で紅茶検査官（Inspector of Tea）として勤務しながら、アマチュア博物学者として活躍し、中国の園芸植物のみならず、動植物の膨大な博物画や標本をイギリスにもたらした[43]。

　Part III の BOTANY 項目（pp.48-49）ではリーヴスが 1821 年 5 月に出版した『本草綱目索引』から『本草綱目』の部立て（草部、穀部、菜部、果部、木部の 5 部）と 30 類（山草類、芳草類に始まり雑木類に終わる）の説明の抜粋が掲載されている[44]。リーヴスはまた、もともと自分で中国語辞典編纂を企画し、そのために資料を収集し、数千の漢字

を彫刻していたが、モリソンの辞典編纂出版の予告を耳にして、計画を断念したという[45]。モリソンの要請をうけて中国の星と星座名も収集し、モリソン辞典のPart II. Vol. I.（Macao, 1819）の巻末にはその成果が収録されている。

　リーヴスやリヴィングストンが『英華辞典』に提供したと思われる中国植物の学名、属名は原書のA項目だけでも「ABRUS PRECATORIUS 紅相思」から「AZALEA INDICA 杜鵑」まで18を数えるが、上掲の表4に示したように、蘭英漢対訳辞典のA～IJ項目では学名は5例しか選択されていない。残るK～Z項目を見ても、「nandina domestica 天竹」、「narcissus togetta ［sic: tagetta］水仙花」、「nelumbium 蓮花」、「pentates ［sic: pentapetes］phoenicea 午時花」の4例にすぎない。蘭英漢対訳辞典編纂時に、『英華辞典』に記載の中国植物の学名、属名および漢名に注目し、系統的に選択しようとした形跡はうかがわれない。この面でのシーボルトの関与はなかったと推定できる。

　シーボルトの日本滞在（1823～1829）の主目的はオランダ東インド植民地総督の特命を受け、その支援のもとに日本の自然資源の博物学的調査、ついで民族誌的調査を遂行することにあった[46]。しかし、シーボルトにはケンペル、ツュンベリーに続く日本博物学のパイオニアとして一次資料コレクションをヨーロッパに持ち帰り、成功したいという強い個人的野心があった。当時のヨーロッパは植民地主義的発展による博物園芸ブームが巻き起こっていたのである。また、シーボルトが日本植物の漢名、蘭和辞典写本の漢字表記に強くこだわったのは、近代東洋学の創始期にあったヨーロッパに日本の漢字文化資料が絶対的に不足していることを熟知していたからに他ならない。

　一方、出島オランダ商館の外科医として門人の協力を得ながら日本の博物資料を収集したシーボルトと同じように、まさに同時期にイギリス東インド会社広東支店を拠点として博物学コレクター、プラント・ハンターたちが活躍していた。彼らの動向と成果にシーボルトは無関心では

いられなかったはずである。上述の『英華辞典』からの広東園芸植物リスト抜き書きは、そうした関心をもってシーボルトが『英華辞典』の植物項目、博物項目、漢名、漢字表記に注目していたことを物語るのではないか。今後の検討を待ちたい。

おわりに

　本稿第 1 章では、吉雄権之助訳蘭英漢対訳辞典のオランダ語見出し語のアルファベット順配列の意味を考察した。まず、文政年間までに日本人が編纂した西洋語対訳辞典を書誌的に回顧し、編纂者自身がアルファベット順配列を行ったのは、吉雄権之助が助手として編纂に参画した「諳厄利亜語林大成」が初めてであり、吉雄権之助の蘭英漢対訳辞典のアルファベット順配列には、その編纂経験が生かされたにちがいない、と推定した。

　次に、この辞典はモリソン『英華辞典』をオランダ語に抄訳しオランダ語の見出し語を付けることで、阿蘭陀通詞の中国語・中国文化学習のために作成されたモリソン『英華辞典』の活用ハンドブックという性格を持ったことを明らかにし、阿蘭陀通詞の間に写本が広まり、モリソン『中国語辞典』の検索に利用された可能性があることを指摘した。

　第 2 章では、まず、見出し語の文法ラベル（品詞、性、数、変化形などの指示）は名詞の性のみに限定して、m./v./o. の略号で示し、他のラベルを一切省略しているという本辞典の特徴に注目して、この略号表記の起源をゼイデラール『オランダ語文法』（1791）、ウェイランド『オランダ語博言辞典』（1799-1811）、セーウェル『オランダ語文法』第 2 版（1712）に求めたが、権之助がこれらの原書から学んだ確証は得られなかった。

　次に、C 項目全体を選び、15（異なり数）のオランダ語見出し語とそ

の性がどのように選定されたかを、関連する15種の辞典類によって検証した。その結果、吉雄権之助はまずセーウェル、ホルトロップの英蘭辞典を用いてモリソン『英華辞典』のオランダ語への抄訳に取り組み、ついでオランダ語見出し語の選定、性の決定のために、セーウェル、ホルトロップの蘭英辞典、ハルマ、マーリンの蘭仏辞典、さらにはボイス百科事典をも参照して、編纂を進めたとの結論に達した。

　第3章では、本辞典の編纂に対するにシーボルトの助言指導の有無について、考察した。この問題を検証するには十分な資料を得られていないため、本辞典および原典である『英華辞典』の植物項目に注目し、辞典の編纂が行われていた1828年当時、シーボルトが賀来佐之、伊藤圭介の協力を得て、日本植物目録を編集中であったこと、吉雄権之助は賀来佐之、伊藤圭介をはじめ多くのシーボルト門人にオランダ語を教授していたことを踏まえ、植物項目中の学名、属名の取り扱いを検証した。その結果、イギリス東インド会広東支店を拠点とする二人のアマチュア博物学者リーヴスとリヴィングストンが『英華辞典』に提供した中国植物の学名や属名については、権之助の蘭英漢対訳辞典に系統的に選択された形跡が認められず、この面でのシーボルトの関与はなかったと結論づけた。

　また、シーボルトの日本植物研究の背後にはヨーロッパの博物園芸ブームがあったこと、滞日中に完成を急いだ日本植物目録における植物名の漢字表記へのこだわりには、当時のヨーロッパ東洋学の現状認識があったこと、ルール・ボーフム大学のシーボルト・コレクションに伝わる『英華辞典』Flower項目からの広東園芸植物リスト抜粋は、シーボルトの『英華辞典』への関心を物語る可能性があることを指摘した。

　吉雄権之助訳蘭英漢対訳辞典はモリソン『英華辞典』のオランダ語抄訳であるため、訳者の英語研究の実態を解明するための宝庫であるが、原書が中国語・中国文化の小百科事典的性格をもつだけに、多分野にわたる英蘭漢の言語接触という観点からも、今後さらに分析を進めたい。

注

1）松田清『洋学の書誌的研究』臨川書店、1998 年、第三章ドゥーフ・ハルマ成立史の解明、参照。筆者はドゥーフ・ハルマのドゥーフ自筆草稿（初稿）を 1984 年 3 月 6 日に高知県立追手前高校で発見した。

2）佐久間象山が嘉永初年にドゥーフ・ハルマの増訂版「増訂荷蘭語彙」開版事業に着手した際に参照したと思われる無題の写本。左綴じ左開き。全 8 冊。内訳は第 1 冊（A・B）、第 2 冊（B・C・D）、第 3 冊（E・F・G・H）、第 4 冊（IJ・K・L）、第 5 冊（M・N・O）、第 6 冊（P・R・S・T）、第 7 冊（U・V）、第 8 冊（W・Z）。QXY の 3 字母分は項目立てがない。各冊に「象山翁遺書」の墨書がある。無界の料紙に毎半葉 15 行。オランダ語の書写の訓練を受けたおそらく阿蘭陀通詞の同一の手で、丁寧に墨書されており、他の伝存写本と比べて原初の形態をもっともよく伝えるものと思われる。ただし、他の写本同様、オランダ語の綴りの誤りが散見される。2000 年 1 月 7 日、松代市真田宝物館にて調査した。大橋敦夫「新出資料『五車韻府』をめぐって ── 真田宝物館新蔵佐久間象山関連資料の紹介 ── 」『松代 ── 真田の歴史と文化 ── 』第 9 号、1996 年 3 月、参照。大橋はこの報告で、佐久間象山が嘉永 2 年 5 月 7 日付け藩主真田幸貫あて上書で「和蘭語彙」出版資金貸与を願い出た際に用いた書名「五車韻府」により、新出の象山本（無題）を「五車韻府」と呼んでいる。

　象山は確かに、この上書において「五車韻府」に「英吉利人モリソンが唐山遊学中其国語を以康熙字典を訳し候を又和蘭にて重訳仕候もののよしにて天文台に一部収り候よしに御座候」（下線は引用者、『増訂象山全集』巻二、70 頁）との注を加え、当時の伝聞を伝えているが、同年 10 月の「増訂荷蘭語彙例言」では「漢字を註するに洋語を以てし洋語を釈するに漢字を以てするは英人莫栗宋に始まる。荷蘭通事吉雄永保莫氏の書数種を取り英を飜えし荷と為し以て一書を纂す。今語下往往漢訳在るは、多く吉雄氏の本に従う」（原漢文、『増訂象山全集』巻一、「文稿」118 頁）と述べ、吉雄永保（権之助）がモリソン辞書を英語からオランダ語に翻訳したことを明言している。しかし、単に「吉雄氏之本」として、「五車韻府」とは呼んでいない。「莫氏の書数種」とはモリソン辞書が Part I（『字典』3 冊）、Part II（『五車韻府』2 冊）、Part III（英華辞典）からなることの反映であろう。Part II の標題紙の漢字標題は「五車韻府」ではなく、草書体で「五車韻府」と印字されている。

3）全 1 冊。左綴じ左開き。毎半葉有界（横罫）25 行、335 丁。書写の速度は速い。一人の蘭学生の手であろう。井田好治「吉雄権之助編 "蘭英漢三国語対訳辞典" の発見とその考証」（『横浜国立大学人文紀要第二類』第 24 号、1977 年）に掲載の見開き写真によれば、表紙の見返しの力紙（本文と同じ有界の袋綴じされた薄葉紙）がはがれ、力紙の裏側（写真では見開きの右側）の中央に「五車韻府　単」と墨書したあとに、右脇やや上から「漢訳（角書）／和蘭字典」と書き添えている。筆者が 2014 年 3 月 12 日調査した際は、破損した表紙を補修し改装した状態であった。すなわち表紙中央の題簽には「五車韻府　単」と

墨書され、表紙の見返しは新しい白紙が力紙として貼り付けられ、元の力紙は扉となっていた。この写本は当初「五車韻府　単」と外題を墨書した共紙表紙をつけて綴じられていたが、おそらく大正か昭和前期に「漢訳（角書）／和蘭字典」という誤った副題が添えられ、その後に共紙表紙を力紙にして新たな表紙と題簽が付けられ、さらに最近の補修改装に至ったと判断される。

4）全1冊、左綴じ左開き。毎半葉有界（横罫）29行、墨付315丁。書写の速度は速い。一人の蘭学生の手であろう。版心の「盡簪堂蔵」は未詳。遊紙に「佐伯図書」の朱印があり、産婦人科医で医史学者でもあった佐伯理一郎の旧蔵書。医史学者阿知波五郎を経て、杏雨書屋所蔵（阿知波1219）となった。「蘭英和対訳辞書」との命名は佐伯理一郎によるらしい。

5）井田好治、前掲論文。

6）井田好治「吉雄権之助手写本『英吉利文話之凡例』の原本発見」『英学史研究』31号、1998年、においてモリソンの原本が初めて同定された。

7）松田清「高峰元稑旧蔵蘭文写本について（一）」『北陸医史』31号、2009年2月。

8）『長崎本「諳厄利亜興学小筌」』影印版、日本英学史料刊行会編、大修館書店、1982年、参照。

9）井田好治「長崎本『諳厄利亜興学小筌』の考察」『長崎原本「諳厄利亜興学小筌」「諳厄利亜語林大成」研究と解説』（以下、『研究と解説』と略称）、日本英学史料刊行会編、大修館書店、1982年、18頁、参照。

10）『長崎本「諳厄利亜語林大成」』影印版、日本英学史料刊行会編、大修館書店、1982年。「諳厄利亜語林大成凡例」は本木正栄（庄左衛門）、馬場貞歴（為八郎）、末永祥守（甚左衛門）、楢林高美（栄左衛門）、吉雄永保（権之助）の阿蘭陀通詞6名が連署している。

11）「未九月　三人連印」の高嶋四郎兵衛宛書簡。渡辺庫輔『崎陽論攷』親和銀行済美会、昭和38年、186頁。井田好治「長崎本『諳厄利亜語林大成』の考察」、日本英学史料刊行会編『研究と解説』、58頁、参照。

12）井田好治「長崎本『諳厄利亜語林大成』の考察」、日本英学史料刊行会編『研究と解説』、49頁。

13）『辞学宝鑑』の書名は近藤正斎『好書故事』巻79「蘭書二」による。阿蘭陀通詞旧蔵本としては、阿蘭陀通詞馬田清吉（1743-？、石井恒右衛門、のち庄助と改名）旧蔵の第10版（Amsterdam, 1745）が松浦史料博物館に松浦静山旧蔵書として伝わる。

14）藤林普山（淳道、泰介、1781-1836）にも「マーリン助字弁解」の著があったことが、辻蘭室によるその抄録（『蘭語八箋』第44冊所収）から分かる。中野柳圃文法学の京都での受容を示す資料のひとつである。

15）Memoirs of the Life and Labours of Robert Morrison, Compiled by his Widow, London, 1838. Vol. II, pp.412-413.　Kokizasは未詳。

16）Charles Majoribanks（1794-1833）は、イギリス東インド会社広東支店の

幹部。Cf. Buckton, T. J., *China Trade: Containing the Entire Substance of the Evidens Laid before the House of Commons, in the Session of 1830*. p.viii,（Names of Witnesses）: Charles Marjoribanks, Esq., a servant of the East India Company in their China Factory.

17）静岡県立葵文庫所蔵第2版は、阿蘭陀通詞楢林重兵衛旧蔵書として知られる。

18）京都外国語大学附属図書館所蔵のマーリン『蘭仏辞典』（1717）は、阿蘭陀通詞本木家旧蔵書である。京都大学附属図書館所蔵の同版は、阿蘭陀通詞名村三太夫（？-1762）、名村三之丞（？-1768）父子の旧蔵書である。岩崎克己『彰考館文庫蘭書目録』（昭和14年、私家版）によれば、彰考館文庫所蔵マーリン『蘭仏辞典』第3版（1752）は「B.D.Seikits」の署名があるという。阿蘭陀通詞馬田清吉旧蔵本である。

19）当時の新刊図書目録 Naamlijst van uitgekomen boeken, kaarten, prentwerken, enz. 1824-1828. Amsterdam, C. L. Schleijer. Achtste deel. Lijst van Nieuw uitgekomen boeken in den jare 1828 No.9. p.451 による。架蔵の初版の巻頭38頁分は予約購読者名簿である。

20）石山禎一・宮崎克則『シーボルト年表』八坂書房、2014年、54頁、参照。

21）呉秀三『シーボルト先生その生涯及び功業　乙篇』吐鳳堂書店、1926年、105頁、シーボルト事件申渡書、第17号、和蘭通詞諸氏に対する申渡。

22）ウェイラント『オランダ語博言辞典』第1冊（1799）の序論（Inleiding）はオランダ語文法であり、これを改訂したウェイラント『オランダ語文法』（Petrus Weiland, *Nederduitsche spraakkunst.* Amsterdam, 1805.）がバタフィア共和国より出版さた。中野柳圃はこれらのウェイラント文法を知ることなく早世した。セーウェル『オランダ語文法』初版が柳圃の文法学の出発点であった。門人の馬場佐十郎は師の遺志を継いでファン・デル・パルムの文法書を抄訳した『西文規範』（1811成）の序文で「我師柳圃、セウェルと云エル人の著せしスプラーカコンストと云書を読みて、始て彼学の目を知り漸く綱目共に明識せり」と述べている。松田清「志筑忠雄における西洋文法カテゴリーの受容」『蘭学のフロンティア──志筑忠雄の世界』（志筑忠雄没後200年記念国際シンポジウム報告書）、長崎文献社、2007年、参照。なお、Sewel（Sëwel とも綴る）の読み方は従来、馬場佐十郎にならって筆者も「セウェル」を踏襲してきたが、本稿ではセーウェルの表記に改めた。

23）独立した名詞性別辞典としては古典作家からの引用が豊富なホーフストラーテン『常用名詞性別辞典』（David van Hoogstraaten, *Lijst der gebruikelijkste zelfstandige naamwoorden.* Amsterdam, 1723.）が重きをなし、18世紀を通して版を重ねている。

24）（Morrison III）は https://archive.org/ の電子画像、（Sewel, D-E 1708）は宮城県図書館伊達文庫本（伊達藩の文政年間購入本）、（Sewel 1735）は https://archive.org/ の電子画像、（Sewel E-D 1766）、（Sewel D-E 1766）、（Martin 1828）、（Buys）、（Halma 1729）は架蔵本、（Owen）は関西大学図

書館蔵本および https://archive.org/ の電子画像を参照した。（Weiland）は http://www.dbnl.org/ の電子画像、(Holtrop 1789)、(Holtrop 1801)、(Holtrop 1823)、(Holtrop 1824) は静岡県立葵文庫デジタルライブラリーの電子画像を利用した。葵文庫の Holtrop はいずれも安政年間の舶載である。

　なお、京都大学附属図書館には、新宮凉庭旧蔵本として、(Sewel E-D 1735) と (Sewel D-E 1735) の合冊本および (Sewel E-D 1766) を所蔵。松代市真田宝物資料館所蔵の (Sewel E-D 1708) および (Sewel D-E 1708) は阿蘭陀通詞中山作三郎旧蔵本である。文化年間舶載という東京大学史料編纂所所蔵 (Sewel 1735) は未見。早稲田大学図書館洋学文庫には宇田川榕庵旧蔵の (Sewel E-D 1766) が伝わる。(Sewel D-E 1766) の江戸時代舶載本は未見であるが、京都の蘭学者辻蘭室 (1756-1835) はその標題紙に続く「本書に使用の記号と略字の解説」と題された凡例を筆写し、巻頭の「英文法論証」(蘭文) から英語助動詞活用表のオランダ語対訳部分を文法研究に利用している。益満まを「草創期の京都蘭学──《辻蘭室文書》の書誌的考察──」『日蘭関係をよみとく』上巻（松方冬子編）、臨川書店、2015年、234頁、参照。

25) Frans M. Claes, *A Bibliography of Netherlandic Dictionaries.* München, Kraus International Publications, 1980. p.112 の書誌による。

26) 京都大学附属図書館所蔵の新宮凉庭旧蔵本 (Buys) は阿蘭陀通詞西義十郎（？-1842）旧蔵書である。

27) ボイスは『英蘭専門語辞典』(A new and complete dictionary of terms of art. Nieuw en volkomen konstwoordenboek. Amsterdam, 1768-1769. 2 vols.) も編纂している。

28) Francine Fèvre, Georges Métailié, *Dictionnaire Ricci des plantes de Chine.* Paris, 2005. による。

29) 宗田一『渡来薬の文化誌』八坂書房、1993年、100-103頁、参照。

30) ウォイト『医薬宝函』初版は Johannes Jacob Woyt, *Gazophylacium Medico-Physicum of Schat-kamer der Genees- en Natuur-Kundige Zaaken.* Amsterdam, 1741. 第2版（1768）はハーフタイトルに Schatkamer der Geneeskunde en Natuurlyke Historie（医学・博物学宝函）とあるように、博物学の進展を受けて増補改訂している。

31) ボイス『英蘭専門語辞典』第1巻（1768）では、CHINA-*Root,* a Medicinal Root brought from the *East* and *West-Indies. Pōk-wortel.* と説明する。

32) 「読者への序文」(**2 recto) に「福田忠昭蔵書」との方印、巻末 p.1061 に「本木印」との円印が捺されている。本木家伝来と福田忠昭入手（明治43年）の由来を示す付属文書については、永嶋大典「『諳厄利亜語林大成』の辞書的背景──欧米および日本──」『研究と解説』日本英学史料刊行会編、188-189頁、参照。

33) M. Philippa, e. a., Etymologisch woordenboek van het Nederlands. Amsterdam, 2003-2009. http://www.etymologie.nl/《limoen zn. 'citrusvrucht

(*Citrus aurantifolia*)'》
34) Rembertus Dodonaeus, *Cruydt-Boeck*. Antwerpen, 1644. p.1240 にみえる Citroen sap はレモンジュースではなく、シトロン果汁を意味する。
35) Nederlandsch Handelsmagazijn, of algemeen zamenvattend woordenboek voor handel en nijverheid. Amsterdam, 1843. p.304. なお、S. J. M. van Moock, *Nieuw Fransch-Nederduitsch en Nederduitsch-Fransch woordenboek. II. deel. Nederduitsch-Fransch*. Gouda, [1846]. に は 'Citroensap, o. *jus de citron, m.*' と 'Limoensap, o. sap van limoenen, *jus de limon, m.*' の両項目があり、citroensap（レモンジュース）と limoensap（ライム果汁）の区別が定着していたことをうかがわせる。
36) 第8版は桂川甫周国瑞（1754-1809）旧蔵本が石川県立図書館に幕末の加賀藩旧蔵蘭書のひとつとして伝わる。なお、京都大学附属図書館所蔵江馬本（江馬蘭学塾旧蔵書）のメイエル第7版（1698、［3-5-M10］）およびハックフォールト『レッテルコンスト』（Barend Hakvoort, *Oprecht onderwys van de Letterkonst*. ただし、破損のため標題紙が欠落し、pp.19-63 のみ存。［3-5-06］）に署名した旧蔵者「J^{a}Saitaloo」は未詳。
37) 遠藤正治・加藤僖重「シーボルト・伊藤圭介「日本植物目録」および『失乙牝児鐸草木目録』の紹介」『近世植物・動物・鉱物図譜集成第XLI巻〈解説編〉』科学書院、2015年。遠藤正治・鳥井裕美子・松田清「神田外国語大学附属図書館所蔵シーボルト編伊藤圭介・賀来佐之録『日本植物目録』について」『神田外語大学日本研究所紀要』第8号、2016年3月。遠藤正治・加藤僖重・鳥井裕美子・松田清「シーボルト編『日本植物目録』改訂稿について（上）」『鳴滝紀要』第26号、2016年3月。
38) Kruid Boek Getrokken uyt Dodoneaus [sic]（The Wellcome library, Japanese Coll. 58）。その第2葉表に「Present van J^o Gonnoskij」（吉雄権之助の贈り物、の意）との権之助自筆のペン書きがある。宛名は書かれていないが、シーボルト宛と推定する。オランダ語 Geschenk ではなく英語 Present を使用しているのは権之助の英語趣味をうかがわせる。
39) 遠藤正治・鳥井裕美子・松田清、前掲論文におけるシーボルト書簡原文の翻刻と翻訳および分析を参照。
40) 松田清、前掲書、89頁、参照。
41) '[1. 174.000] Botanices Fasc. n° 6. Miscellanea. -[2.] Excerpta plantarum chinensium nomina ex Dictionary of the Chinese Language autore R. Morrison Part III pag 172-174.' in Acta Sieboldiana, Teil III. Vera Schmidt, *Die Sieboldiana-Sammlung der Ruhr-Universität Bochum*, Wiesbaden 1989. p.163.
42) Bretschneider, Emil, *History of European Botanical Discoveries in China*. 1898. p.266.
43) Bretschneider, *op. cit.*, pp.256-263.

44）BOTANY 項目末尾の注「Extracted from an Index to the Pun-tsaou, drawn up by Mr. Reeves, China, May, 1821.」に拠る。この Index の所在は不明のようである。
45）William Huttmann, "A Notice of Dr. Morrison's Chinese Dictionary." *The Asiatic Journal and Monthly Miscellany*, Vol. XII, Dec. 1821, p.572.
46）栗原福也編訳『シーボルトの日本報告』平凡社、2009 年、解説 p.338 参照。

明治初年日本僧の中国語体験

陳　　力　衛

1　小栗栖香頂と中国行きの時代的背景

　明治初年は日本において国内外制度整備の年であった。まずは祭政一致をスローガンとする政府の神道国教化政策・神仏分離政策によってひきおこされた「廃仏棄釈」の運動があり、そして明治4年は廃藩置県により中央集権的統一国家が確立されたと同時に、対外的には日清修好条規も結ばれ、中国との近代的な国家関係を構築していく年でもあった。

　本稿の主人公である小栗栖香頂（1831-1905）は、まさしくその時代を生きる人で、彼は大分の出身で有名な廣瀬淡窓の漢学塾咸宜園の三才子の一人として、漢学を学び、漢詩を巧みに作り、儒学の基本経典に精通していた。しかも仏教教理をもそれぞれ専門の大家について学び、八宗の学問を大成したとされる。三十八歳の時、本願寺擬講師に任ぜられたのがちょうど明治元年であった。しかし、仏教界にとっては「廃仏棄釈」の流れに抗しきれず、明治5年あたりから外との連合を模索しようとしていた。その経緯を彼自身の編集した北京語テキスト『北京紀事』の冒頭で次のように中国語で述べられていた。

　　　　ウヲメンリーベンコワ　　ツンクイライ　　チンチタウワイコー　　スヲイ　　　　　　　リーベンスンレン　ブチ
　　　我們日本国、中古以来、禁止到外国、所以ソレユヘ日本僧人、不知
　　ダウチノースンチョウイハウシチン　　ミンチイワンネン　サイツン　　　　　　　タウワイコー　インチョコイワンク
　　　道支那宋朝以後事情、明治元年、才準ユルス到外国、因者个縁故コ
　　　　　　　リーベンコワホーシャン　ユウワイコーテイトウ　　シエヌールシャンレンタウ　ラ　インツ　　シャンロンチエシサン
　　　ノユエニ、日本国和尚、遊外国的多、現如上人到了印度、上楞伽山、
　　ユウタウシーヤンツ゛コワ　　カンカンコワンチン　　チワイ　　　スンタイパイホアモーレイレンチョンタン　　ホータウメリ
　　　又到西洋諸国、看看光景、其外、舜台白華黙雷蓮城等、或到米利

141

堅、或到英吉利、或到法蘭西、或到奥斯的里亜、我想日本佛経、
　チエン　　ホータウインチ　リ　　ホータウフランシ　　　ホータウゴウス　ティリヤ　　ウヲシヤンリーベンフヲチン
従支那来、佛経文字、也是支那字、達磨大師、羅什三蔵、智者
ツヲンチノーライ　フヲチンウンツ　エ　シ　チノーツ　　ダアモータアシ　　ローシサンツァン　　チーチヨ
大師、玄奘三蔵、賢首大師等、訳梵経、教僧人、作法事、化
ダアシ　シユワンツァンサンツァン　シエンシヨウダアシタン　　イーフハンチン　チャウスンレン　ツヲファシ　ホワ
人民、又添上ソノウヘ、有五臺山、有天台山、有普陀山、皆佛菩薩
レンミン　　　ユウテンシヤン　　　ヨーウタイシサン　ヨーテンタイシサン　ヨーブートシサン　チエフヲブーサ
示現的地方トコロ、又我喜愛孔夫子教、想到支那、訪高僧、上名山、
シーシエンティティフハン　　ユウヲシーガイクン　フ　ツ　チヤウシヤンタウ　チノー　フハンカウスン　シヤンミンシサン

（訳：我々日本国は中古時代以来、外国へ行くことが禁じられていた。よって日本の僧侶は中国の宋朝以後の事情を知らない。明治元年にやっと外国へ行くことが許された。これゆえ、日本の僧侶は外国へ多く出るようになった。当今、僧侶はインドへ行く。また西洋諸国へ行き、その光景を見る。その他には、舜台、白華、黙雷、蓮城など、あるいは米国へ行き、あるいは英国へ行き、あるいはフランスへ行き、あるいはオーストリアへ行く。私は思うには日本の仏典が中国から来たし、お経の文字も中国の文字である。達磨大師、羅什三蔵、智者大師、玄奘法師、賢者大師などは、梵語の経典を翻訳し、僧侶に教え、仏事を行い、人民を教化してきた。またその上、五台山があり、天台山があり、普陀山があり、みな仏菩薩の顕す場所である。さらに私は孔子教を愛しており、中国へ行って高僧を訪ね、名山に登りたい。）

したがって、かれは多くの僧侶と違って、インドや西洋やアメリカなどへ行かず、中国行きを決行したのである。時は明治6年（1873）で、大分県中戸次にある東本願寺派妙正寺の住職をつとめていたかれはすでに四十三歳であった。その「高僧を訪ね、名山に登りたい」気持ちの高揚とはうらはらに、明治以来、僧侶として初めて実際の中国の土に足を踏み入れてみたら、逆に仏教の衰微を目の当たりにしてしまった。翌7年に帰国後、かれは浄土真宗の中国での開教を提案し、明治9年、東本願寺当局の理解を得て再び訪中し、上海別院を建てて開教に漕ぎ着けた。こうした壮挙に対して、東洋史学者・京都帝国大学教授だった桑原隲蔵が大正10年6月15日に開催された弘法大師降誕記念會における講演の

なかでも「仏教の逆輸入」と高く評価していた。

「要するに六朝・隋・唐以来、千五百年に亙つて、我が國は絶えず支那の文化を借り受けたが、日清戰役後二十年の間に、國魂の如き立派な利子まで添へて、その借債を返還した。唯一の未拂として殘つて居るのが、宗教だけである。我が國の佛教が、過去に於て支那から大なる借債を負ひながら、今日まで借金をその儘に、支拂はずに棄て置くのは、何としても不都合と申す外ない。是非日本より佛教を支那に逆輸入して、往時の負債を辨償せなければならぬ。……小栗栖香頂師が、上海に布教に出掛けた時、當時の東本願寺の嚴如上人は、

　日の本の光と共に我が法の教へ限なくかがやかせかし。

といふ歌一首を詠まれたといふが、その後五十年になんなんとする今日の現狀は如何であるか。……若し我が僧侶の努力により、衰へ切つた支那佛教界に、新しい生命を與へ、佛日再び中華の空に光り輝くことになつたらば、それこそ宗祖に對する何よりの大供養と信ずるのである。」[1]

むろん、その中国への布教を可能ならしめたのはほかでもなく、彼の一年にわたる北京滞在によって身に着けた語学力が重要な推進力となったと考えられる。

2　北京口語を習得する過程

　小栗栖香頂は、明治6年（1873）7月17日に長崎を出て、19日に上海に着いた。そして海路で烟台、天津へ、さらに水路で通州へと紆余曲折を経て北京にたどり着いたのは8月16日であった。そして日本人として初めて一人で北京に長期滞在することになった。翌年8月19日に中国を離れ、9月14日に郷里の妙正寺に戻ってきた。

前述のように、かれは漢文の素養を身に着けており、漢文を読み、漢詩をも作っていたが、しかし実際に北京へ行ってみたら、「文字雖同音不同　耳雖不解目能通」（『北京紀事』二十九号）と、書かれた字を見れば意味が分かるが、耳で会話を聞いても一言も分からない。そこで、中国語を習得するならば「不須雅言官話、唯要学俚語俗語」（明治6年『北京説話』）と、「雅言官話」などの書き言葉より「俚語俗語」の話し言葉の習得を目標と掲げてしまう。

　自筆ノートとして残っている『幼学須知假名附全』は『幼学須知』（近くの楊朗山について中国の子供たちと一緒に習う中国語の基礎テキスト）をまる写してからすべて日本語の仮名で読みを付けたものである。その8月23日に「北京話　受龍泉寺本然上人相伝」とし、龍泉寺の僧本然から中国語を学び始めたことを記し、基本的なプロセスとして自作の漢文日記を白話文（口語体）に訳してもらい、それに一字一字カナで発音をつけたものである。具体例として「飲食之事」と「寺院部」のタイトルの下に335語の単語を習い、日本語訳をつけている。『北京説話』にも同日の記事があり、そこには自分の稿本をもとに本然師に直してもらった経緯を伺うことができる。それに続いて26日に「天涯孤客之苦況、無甚於病中、試記病中之事、乞以俚言改之」と前書きして、具体的に「清慈庵病中之事」というタイトルで自分の病気の様子を北京口語で記されている。さらに29日に「記賽雍和宮之事」があり、9月2日に「記天津楊某之事」が続いてあり、三話で合わせて635句と、著者が最後に記録している。たとえば、次の一例を見れば、彼の習得過程を知ることができよう。

　最初の『北京説話』と題している冊子では「記天津楊僕之事」と漢文体で書かれた文章に続き、そして同じ冊子に今度は会話体の「記天津楊奴之事」というのがあり、そこに師と仰ぐ中国人の僧本然の書入れが多く見られ、一々用語や言い方を会話文らしく直してくれている。それから直されたところを書き入れて、さらに日本語訳をつけたのは上記のノ

ートとして残っている『幼学須知假名附全』にあった「記天津楊某之事」であり、最終的にテキストとしての『北京紀事』の確定原稿では第九号「記天津楊夥計之事」と清書される。下線部の「僕⇒奴⇒某⇒夥計」へと文体や用語が徐々にくだけて口語的になってくることがわかる。

著者自身の作品に「北京」と冠するものは「游記」「説話」「紀事」の三種類がある。時代的な成立を見ていくと、さらに日記「八州日歴」が先にあって、その「八州日歴」31〜38（明治6年7月1日から明治7年9月1日）に留学の種々な出来事や自身の努力が漢文や日本語で書かれている。それに基づいて漢文の「游記」を編纂し、そして「説話」へと文体の調整をし、最後に口語体の「紀事」の成立が見られるわけである。

「まず第一に注目させられるのは『北京紀事』上下二冊（五三枚、七一枚）で、これは香頂師が明治6年北京に留まっていたころ、龍泉寺の僧本然から華語をまなび、その教材の一つとして自作の漢文日記を白話訳してもらい、それに一字一字カナで発音をつけたものである」と魚返氏が指摘している[2]。現に残っている『北京紀事』は本願寺の縦書きの罫線（13行）の用紙（26×17cm）に書写されている。その凡例によれば、「明治六年七月、予支那ニ入リ、明治七年八月帰朝ス。本書は六年七月以後（ヨリ）十二月ニ至ルマテ、目観耳聴（実践）セシ者ヲ記シテ」、そして「本書ノ原稿ハ、予カ漢文ニ係ル。予初メ言語ニ通セサルヲ以テ、半年間ノ事ヲ記シテ、龍泉寺本然師ニ北京俗語ニ改作センコトヲ乞ヒシニ、然師其煩ヲ厭ハズ、予カ為ニ漢ヲ転シテ俗トナス。其切々偲々ノ老婆心、予カ懐ニ往来シテ、依々恋々忘ルルコト能ハズ、故ニ之ヲ宗主ニ白シ訂正刪補シテ、集テ上下二冊子トス。」と明治8年12月15日づけで記されている。

つまり、これは中国から帰って一年あまりの間隔があって、最終的に完成された北京語テキストである。毎号の文章の長さは一定しないが、長いのは6頁、短いのは3頁しかない。それぞれのタイトルがあって、本文は一つの事柄を記述している。たとえば、冒頭の中国行きを決意し

た文章は第一号で「記明治六年六月二十五到上海的事」というタイトルをつけている。文中では短い句の単位に二三文字分のスペースを置いてさらに読点で区切っている。その区切り方は日本語のテニヲハの感覚で、加えて中国語のポーズの置き方に留意しているように見える。そして、ほとんどの句の区切りのところに日本語による対訳があるから、日中の対訳資料としても利用できる。「所以ソレユヘ」「準ユルス」「縁故コノユエニ」「又添上ソノウヘ」「地方トコロ」のように、日本人の中国語学習者として同じ漢字語に異なる意味を積極的に対訳の形で記している。ほかの号に、

  我地起根尓、我ハ生来
  不会箅盤 箅用ニウトヒ
  箅盤的事情、悶的狠拉 箅用ノ事大ニワヅラハシイ
  問、房飯錢多少 席料飯代何ホト
  又拿剪子截銀子 大ナルハサミヲ以テ銀子ヲキリテ

と、長短区々の対訳があり、基本的に右ルビは中国語の読みを示し、左ルビは語釈や意味を示している。さらに『北京紀事』の目次の最後には「二百余言各号の標目ト及造語ノ新奇ナル者トヲ摘出シテ以テ捜索ニ便ニス」とキーワードを中心として各号に配し、大方の内容を把握させることに努めている。

　そうした北京語習得用のテキストには当然ながら著者自身の体験に基づく感想が方々見られる。たとえば、

　中国の発音は日本のものと異なるため読みにくい。我々日本の方では、先に体言が来て後に用言が来る。中国ではその逆となる。だから日本では、「飯を食う　酒を飲む」と言う。中国では「食う飯　飲む酒」となる。日本では「帽子を被る　靴を履く」と言うが、中国では「被る帽子　履く靴」となる。また、日本が応神天皇即位十五年の時、漢字がはじめて日本に伝わった。中国の晋朝武帝太康五年の時である。今年に至るまで千五百三十年余りたつ。そのときシナの音がはじめて日本に伝わったのである[3]。後に唐の時代、日本

の使者並びに高官がシナに行ってシナ音を学び、日本字をもって唐朝の音を書き写したのは古韻であり、今日に至るまで変わっていない。現在の日本の音は広東と似ており、南京とも似ている。詩を読む際の音は北京と同じで、上海とは異なる。二字音は上海と同じで北京とは異なる。日本人は漢字を読む際、日本語をもって訳すが、しかし地名や官名、人名の字を読むときは古音を用いる。

(『北京紀事』第二十九号)

　つまり、まず語順について、日本語は体言が先に、用言が後にくることを述べ、日本では「飯吃、酒吃」というのに対して、中国語ではその逆の言い方をする。そして漢字伝来の歴史を振り返って日中間の漢字の発音の違いに言及し、北京語との相違にも留意していた。
　そうした日中の違いは結局のところ、北京語について知識の増加とともに体験されてきたもので、それゆえに、北京語の重要性と位置付けについても『北京紀事』の凡例にはっきりと記されている。

　　支那各省、其音各異ナリ、長崎ニ製スル二字話三字話等ノ音、北京ニ用ヒカタキ者アリ。又綴語ノ体裁モ異ナレハ、上海浙江等ノ僧、北京僧の語ヲ解シ得サルコト、予カ目撃スル所ナレハ、本書モ惟北京行ノ者ノ為ニ設ルノミ。

　　北京ハ清帝首善ノ大都ナレハ、外省人輻湊セサルナシ、故ニ北京話ハ外省ニ通シテ、外省話ハ北京ニ通セサルコト。本末自然ノ理数ナレハ、本書亦或ハ外省ニ用ユベキアラン。予上海ニ回リ、北京話ヲナスニ、書肆薬舗、往々解シ得ル者アリ。

　従来、江戸時代から長崎で伝わっていた唐話は「北京ニ用ヒカタキ」ことと、中国各省「其音各異ナリ」のをいち早く悟っただけでなく、都としての北京語は使用範囲が広く「北京話ハ外省ニ通シテ、外省話ハ北京ニ通セサルコト」も認識している。前者については、彼自身の経験談とも言えよう。たしかに中国へ行くまえに小栗栖が長崎の聖福寺にて陳善、無等に中国語（唐話）を習ったことがあり、中国へ行くときに持参

していたものに、その『二字三字話』なる教科書も入っていることが『北京游記』に記されている[4]。後者については、いわゆる日本における中国語教育を従来の南京や杭州などの南方音のことばから北方音の北京語へとすばやく転換させた最初の人として、その慧眼を賞賛すべきであろう。というのは日本では明治9年（1876）あたりから当時の東京外国語学校でようやくその転換の必要性を意識し始めたからである[5]。

そして、小栗栖香頂自身の考えている理想的な北京語習得プロセスはこうである。

　　　予想ニ北京話ニ通スル最上ノ上乗ハ、英人ノ撰セシ語言自邇集ニ如ハナシ、然レドモ予カ本然ニ受ケサルヲ以テ、妄ニ授ケズ、試ニ課ヲ分テ、首ニ三部経ヲ授ケ、次ニ四書ヲ授ケ、次ニ本書ヲ念セシメ、而メ後ニ自邇集ヲ体シテ、北京ニ入ラハ、言路ノ窮途ニ哭セサルヘシ。　　　　　　　　　　　　　（『北京紀事』凡例）

つまり「はじめに三部経を授け、次に四書を授け、次に本書（北京紀事）を念せしめ、而して後に自邇集を体して北京に入らしむ」というのがかれの教授案であった[6]。ここで驚くべきことに、かれが北京滞在中の1874年5月に直接イギリス公使館に公使トーマス・ウェードの編集した北京語テキスト『語言自邇集』を借りに行ったことがあり[7]、そして上記のようにそれに対しての高い評価を与えたことである。日本における中国語教育でのちに『語言自邇集』をテキストとして利用開始するよりずいぶん先んじていることを考えれば、その先見の明がわかる[8]。

3　言語資料としての価値

かつて魚返善雄は小栗栖香頂の残された中国語記録資料について、次のように述べている。

　　　純粋に語学的なもの、または内容が仏教であっても形式が語学に

> 属するものについては、少なくともその一部分を華語華文学関係者
> の手で整理し公開することが、僭越ながら一種の義務ではないか考
> える。香頂師がこれらの記録を作られてからすでに 70 年、世を去
> られてからでも 40 年の歳月が流れている。その間、これら貴重な
> 文献は、仏教関係や伝記的な部分が若干公表されただけで、語学的、
> 一般文化交渉史的には、ほとんど取り上げられず、むなしく埋もれ
> てきたと言ってよい[9]。

この苦言を呈してからもまた七十年を過ぎようとしている。

「一般文化交渉史」としての資料整理は魚返善雄自身が 1957 年から 1958 年にかけて小栗栖香頂の『北京游記』を「同治末年留燕日記」(上下)と題して大学紀要に載せて公表した。その後、長い空白期を経て、近代日中仏教交流史の研究に携わっている陳継東氏は長期にわたる資料発掘と一連の論文発表で日中文化交流史、ことに日中仏教交流史における小栗栖香頂の貢献と位置付けを明らかにし、研究史に新しい一ページを開くこととなった。そして、2016 年 3 月に出版した『小栗栖香頂の清末中国体験――近代日中仏教交流の開端』なる著作は研究編のほか、『北京紀事』の日本語訳、翻刻、影印をも収録し、言語研究に資する第一級の資料ともなっている。しかし、語学的にみれば、小栗栖香頂の記録した資料について、「それが岡島冠山と現代との中間にある大きな峯」として高く評価し、何よりも「口語で書かれているというところに大きな意義がある。」とも強調していたにもかかわらず、魚返善雄自身は「発音記号の合理的なこと、自己教育の教材の選びからの適当なこと、言葉に対する態度がすなおで、また何びとにもまして辛抱づよく克明であること」の特徴を三点挙げることに止まっていた[10]。その資料の語学的解明と整理がいまだに進んでいないのが現状である。

そういう意味において、本稿では次のように小栗栖香頂の記録した北京語の主な特徴を、語彙・文法・表音の順にスケッチしてみようと思う。ここに使う資料は『北京紀事』はもちろんのこと、『北京游記』、『北京

説話』、そして『幼学須知假名附全』などが含まれている。

3-1 語彙

3-1-1 語釈

　日本人の僧円仁が中国語で書かれた『入唐求法巡礼行記』が唐代の口語俗語を反映する資料として中国語研究に利用されているのが知られている。小栗栖香頂の記録した北京語は量的にはそれに及ばないものの、やはり口語体であることや、俗語の使用と意味の確認が注目される。ここでは語釈対象となる資料は『北京紀事』の本文から抜き出した語句と、さらにその末尾についてある「支那北京説話」という中日対訳語彙集にある語句である。前者には語句の右側に中国語の読みをつけて、左側に日本語の意味をつけるもの（たとえば、「巡按」に右ルビ「シユンガン」、左ルビ「ヤクニン」、「食盒」に右ルビ「シーホー」、左ルビ「ベントウ」のように）もあれば、割注の形で句全体の意味解釈や語の説明をするものもある。次に中日の意味的対訳においてやや特殊なものをとりあげてみよう。

　　【上下】　＊問貴刹和尚、甚麼上下　上下トハ二字ノ名ノコト
　　　　　　　　ウェンクイチヤホーシヤン　シ　モ　シヤンシヤ

「上下」とはいわゆるフルネームで、姓と名をあわせて言うことである。中国の『漢語大詞典』では1940年代の田漢の脚本の例しか挙げていないが、ここでは19世紀末期の実生活の口語例として注目すべきである。

　　【找靴】　クツヲ吟味サセル

中国語として「靴を探す」意味は明白だが、日本語訳として「吟味する」対象は詩文だけでなく、臭い靴をも含むことがやや意外である。物事をよく調べる意に使われるからだろう。

　　【脚碴子】　クツダイ　＊我云、九月十九日、付你洋銭一个　買煤一
　　　　　　　百斤、買木炭十斤、算算多少銭？他云、煤四吊二百、炭
　　　　　　　二吊、**脚碴子**四吊、煤簍子一吊、共合十一吊二百文。

『日本国語大辞典』ではクツダイを調べれば、「靴台・沓台」にあたるが、上記の文脈では通じず、むしろ「足代」の意味として理解したほうが文意が通じる。

【架房】　雪院ニユク　＊我昨日晩上拉痢十几回、架房風冷的利害仿弗
　　　　　　　　　　　針箚的是的。
（ルビ：チヤフハン）

日本語訳をもってはじめて「架房」がトイレであることが分かるが、「雪院」は当時の日本語として「雪隠セッチン」と読むべきところを、あるいは小栗栖が「セツイン」と誤読していたからこそ、「隠⇒院」への交替を可能にしたかもしれない。

【小心】　＊曰、他多大歳数？　曰、三十八。曰、他知道北京客店不
　　　　　　知道？　曰、他上好几回京、都知道。曰、他小心不小心
　　　　　　彼ハ正直ナリヤ？　曰、小心。

「小心」は「気をつける、用心する」意味で理解されるのが普通だが、ここでは「正直」の意味にとられるのは北京語の用法か、あるいは文脈においてその意味での理解の可能性を示唆している。

【好貪財】　＊朗山曰，王二者个人不可用、此人好貪財油断ハナラヌ、
　　　　　　不顧朋友交情。

ここに「好貪財油断ハナラヌ」の対訳も文脈に沿っての理解で、「好貪財」は「貪欲」の意味で、「油断ハナラヌ」は「用心すること」で単独に抜き出しての語訳としてはやや意味的に広い。

【干老】　＊想以掌櫃為干老　コヽノ亭主ニ親分ヲタノミタヒ
（ルビ：シヤン イ チヤンクイウイカンラヲ）

一般の意味として中国語の「干老」は「義理の親爺」とされるが、ここの日本語訳は「親分」でむしろより適切に意味をとらえているように思われる。

【揣窩】　＊又有没有石頭的地方　オリオリ石ノナヒ所モアル、揣窩道ニ凸
（ルビ：ツワイウヲ）（ルビ：ユウヨー メ ヨーシートーティフハン）（ルビ：ツワイウヲ）
　　　　　凹ヲホキコト、難走、車是乱奔　ムヤミニ走ル、幾回砰ウツ
　　　　　（ルビ：ナンツヲウ チヨ シ ロワンポン）（ルビ：チ ホイポン）
　　　　　了我的腦戴タビタビ車ノ柱ニ頭ヲ打ツ、
　　　　　（ルビ：ラウ ヲ ティナヲタイ）
　　　　＊道尓揣窩多道路殊ノ外アシ
　　　　　（ルビ：タヲル ツワイウヲトー）

151

道の悪いこと、「道ニ凸凹ヲホキコト」と解釈しているが、その「揣窩(ツヰウヲ)」が一般の辞書に収録されていない。

【鉢羅蓋(ポーローカール)】 ＊鉢羅蓋底下浮腫膝ノ下ハレル(ポーローカールティシヤフツン)

中国語では「膝頭」の意だが、著者自身が師の本然から聞いた解釈では満州語から来た語という[11]。現に東北、山東、内蒙古、安徽、河南中部に広く使われている。

【屎球(シチル)】 ＊上人哈哈一笑(シヤンレンハーハーイシヤウ) 曰朗山亂説(ユエランシサンロウンスヲ) 他是屎球(ターシーシチル) 男色先生ナリ

本来は字面通りの「くそ」そのもので、罵詈語として使うのが普通だ。ここで「男色先生」と対訳されるのが臨時一時的なものだろう。

【鬧鬼(ナヲクイ)】 ＊命弟婦作之(ミンティフツヨチ) 免鬧鬼(メンナヲクイ)ワタヌスミ 換你的棉花(ホワンニーティメンホワ) 工錢多少不(クンチエントーショウブ)
論(ルン) 男工價大(ナンクンチヤダー) 伊必以舊棉花(イビーイチウメンホワ) 換你的新棉花(ホワンニーティシンメンホワ)

「鬧鬼」はふつう不可思議なことを指すが、ここでは文脈に即して「綿盗み」と訳す。

【等子(タンヅ)】 ＊京都錢店(チンツツチヤンテン) 両替室、拿一个等子(ナイコタンヅ) 一ノ小キ天杯ヲモッテ、等銀(タンイン)
子(ヅ) 銀ノ重サヲハカル、看分量分量ヲミル
＊他把等子(タパータンヅ) 小キハカリヲ出シ 等了一等(タンライタン) 洋銀ヲハカル

「等子」は名詞として「秤」「小キ天杯」の意、「等」は動詞として「量る」意味に使う。

【悶(メン)】 大ニワヅラハシイ ＊一个字也不會(イコヅエブホイ) 一字モシラヌ、悶的狠拉(メンティホンナ) 不自由ナルコトテアリタル、

心情を表す「悶」はここにある「大ニワヅラハシイ」や「不自由ナルコト」の解釈が重要で、ふつうの北京語方言辞典などを調べてもそのような意味記述が見当たらない。

以上のように、この『北京紀事』にある北京語の俗語としての使い方や意味はいままでの辞書においてはほとんど記述されておらず、当時の意味理解の手助けになる意味でも、言葉の意味を丁寧に記録しておくべきだ。さらに、「我再四思想、実一難事。」のように、今日では「再三」というべきところを、「再四」と表現する点についても留意すべきである。

ほかに、日中の対訳としてとくに問題にならない例もつぎのように挙げておく。

【有氣】立腹スル、【税館】運上所、【眼子】シリノアナ、【動身】＊你動身時候 君ノ出立ノトキニ、【白】＊白帶来 ムダホ子オリ、【花多少錢】＊進寺留学花多少錢 菓子料ハ何ホト、【簷尔】＊我連簷尔也没跨 故ニ我ハ車ノ車端ニモノラヌ、【哈嗎】＊問哈嗎是麼東西 答三条腿為蟾 四条 腿為哈嗎、【大夫】＊有一个大夫 大夫トイウモ医者ノコト

もう一つ纏まった中日語彙対訳表として『北京紀事』の末尾に附している「支那北京説話」というのがある。そこには「記人倫的事」（225語）「記身體的事」（174語）「記飲食的事」（144語）「記地理的事」（294語）と四つの部立てがあり、全部で837語を集めている。ここでもその特徴的なものを取り上げてみようと思う。

① 記人倫的事

まず、自分の妻と他人の妻を表す語として、下記の表現が見られる。謙譲語としての表現は尊敬語より多いのが特徴であろう。

　内人ツマ、家裏ツマ、媳婦爾ツマ、老婆ツマ、婆娘ツマ、女人ツマ、賎人ツマ、拙荊ツマ

　令正 人ノツマ、貴夫人 貴人ノツマ、オクサマ、太夫人 貴人ノツマ、オクサマ

それから「ひめ」をもって遊女を表している。これは『日本国語大辞典』においてもそう記述している[12]。

　窰姐爾ヒメ、娼婦ヒメ、妓女ヒメ、妓者ヒメ

さらに、次にある下線で示す北京語表現も同じ類義表現の一種であるが、ふつうの辞書に収録されないものなので、こういう日本語の対訳によって意味を確認できる点が注目される。

　偷人ヲトコズキ、偷嘴吃ヲトコズキ、打野食ヲトコズキ

　爭風テカケニ吝気スルツマ、爭鵲子吃テカケニ吝気スルツマ

再醮 再嫁、再嫁人 再嫁、抬身 再嫁、再嫁、再嫁

②記身體的事

核桃骨キビスクルブシ、小腿コブラ、鉢羅蓋ヒザ、迎面骨ムカフス子、脺股蛋シリコブラ、勒ドウ、髑髏アタマ、髏アタマ、大陽ビン、天額蓋ヒタヒ、天亭ヒタヒ、饒舌シヤベリ、長舌シヤベリ、利口シヤベリ、脅肩ヘツラヒ、大指オホユビ、人指ヒトサシユビ、食指ヒトサシユビ、二指ヒトサシユビ、中指ナカユビ、色指ナカユビ、無名指ベニサシユビ、四指ベニサシユビ、小指コユビ

　体の部位を言う表現が多いが、日本語の語釈をもって「大陽ビン」「利口シヤベリ」「色指ナカユビ」とその意味を確認することができよう。なかには「色指」の言い方が稀で中国語の辞書には登録されていない。

③記飲食的事

早飯アサメシ、午飯ヒルメシ、晌飯ヒルメシ、晩飯ユウメシ、夜飯ユウメシ買酒サケヲカウ、打酒サケヲカウ、焼酎 焼酎、玫瑰露ヨキサケ 銘酒、黄酒 紹興ノサケ、紹興酒 紹興ノ酒、老酒 紹興ノサケ、五加皮酒 銘酒、木瓜酒ホケサケ、奨元紅酒 銘酒、酒瓶サケトクリ、酒壺サケトクリ、酒素子 銚子、酒鐘サカヅキ、酒盃サカヅキ

作開水 湯ヲワカス、不熱マダワカス、没開マダワカス、不開マダワカス、就開マダワカス、開刺 湯ガワヒタ

　飲食関係では中国語の「夜飯」に対して、「晩飯」と同じく、「ユウメシ」をもって対訳しているが、今日使われている「ヨルメシ、ヨルゴハン」の言い方がまだ現れていない。酒に関して、「黄酒、紹興酒、老酒」がいずれも「紹興ノ酒」を指しているのがわかる。また北京の生活を如実に反映させる「湯を沸かす」一連の表現が日常的に不可欠なものであるように見受けられる。

④記地理的事　チーティリーティシー

　　京師チンスー、盛京ヂョンチン、直隷省チリーション、山東省シサントンション、山西省シサンシーション、河南省ホーナンション、江蘇省チアンスーション、安徽省アンホイション、江西省チアンシーション、福建省フーチョンション、浙西省チユウシーション、湖北省フーペイション、湖南省フーナンション、陝西省シヤンシーション、甘肅省カンスーション、四川省スーチエンション、廣東省コワントーション、廣西省コワンシーション、雲南省ユンナンション、貴州省クイチョウショウ、察哈爾チヤハール、吉林チーリン、黑龍江ホイルンチヤン、伊犂イリー、青海チンハイ、西蔵シーツアン、内蒙古子イモンクー、外蒙古ワイモンクー

　上記の地名は清朝時代の行政区域を反映するもので、本来は「京師、盛京」と各省の行政単位の下にさらにそれぞれ「順天府スンテンフー」「奉天府フォンテンフー」など「府」の行政単位もあるが、ここで省略した。それ以外の地名、たとえば「察哈爾」以下には「府」の単位がない。これも一方では清朝の統轄様式を反映させるものであろう。

3-1-2　児化

　北京語の発音上の一大特徴はこの「アル化」が挙げられる。小栗栖自身もそれを「北京語学必由ノ門戸」として下記のような理解を示している。

　　北京人「ラル」ノ音ヲ用ユルコト、極テ多シ、菜刀ヲ「サイタヲル」ト念シ、茶館ヲ「チャコワル」ト念スルコトキ、枚挙ニ遑アラズ、本書中ニ拉了而尓ノ字面ヲ用ルコト、此語路ヨリ出テ来ルナリ、又拉尓ノ字ヲ用ヒスメ、「ラル」ノ点ヲ施スモノハ、語路ニ随テ、文字ヲ省クノミ。是北京語学必由ノ門戸ナリ。（『北京紀事』凡例）

　ここで「アル化」を表すのに、仮名表記は「ラ、ル」の二種類、漢字表記は拉了而尓の四種類を用いると言っているが、実際にはさらに「児、爾」を含めてもっと多彩な漢字表記をしているのがわかる。

①名詞　花：様子仿彿雪蒼児（ヤンヅフハンフシュエホワル）

那：我們那尓　愛走的快東西日本人ハ快走ノ者ヲ愛ス
鼻：拿線　穿　針鼻尓
一回：一回爾シバラクシテ、到了上海、我叫夥計上日本公館、
　　　告送説我来拉我ノ来タコトヲ申シアケヨ
道：外省道尓／在道尓上／日本國東京　有一个鐵道尓
套：穿着銀指甲套尓　銀ノ護爪ヲハメル
面：你面尓似乎月亮阿／見面尓　都蓋頭頭ヲ地ニツケル／掌櫃
　　　曰買洋布　作面尓　木綿ヲ以テ面ヲ作ルヘシ才好
頭：南北東三面尓、有三个客堂、我住在北邊東頭尓壁
邊：両邊尓西洋館、大極拉、好極拉　大ナリ美ナリ、
衫：穿　黄　緞子大衫尓的
一点：一點尓也不乾淨　少分モ清淨ノ處ハナヒ／有點尓餓　空
　　　腹ニナリタ／吃點尓甚麼
嬢：有一个瞎孃而們　一人ノ盲女アリ／有一个娘而們　一婦人アリ
様：我才知支那官人信佛的事様而
風：今日个天氣好　一點風尓也没有
影：西洋爲地球的影尓
頂：走到雍和宮殿頂尓　上
明：明尓早興起來

②副詞　静意：曰雇車多少錢　曰你要静意尓雇他ワザト雇ヘハタカシ　可
　　　　　　　就貴
　　　起根：我地　起根而多病
③動詞　哭：我才見中國女人哭尓的様子　不同我們日本國／他人哭
　　　　　　尓看
　　　吃：捻是窮　没有吃而縁故　食物ナキ故ニ

3-1-3　同音による異表記

　同音による異表記の問題は白話小説や口語体の文章によく見られる現

象で、とくに正字法の視点で眺めるとき、今日との差は歴然であるが、ここではむしろ北京、あるいはその中国語の先生の個人の特徴の反映とみてよかろう。文中において「是的→似的／拉欠→拉繊／者个→這个」などのように、矢印の前の表現をとるのが普通であり、また、「大轉（賺）錢　大ニカ子ヲモウケル／不董（懂）天津話／等一回（會）尓」のように括弧内の現代語的な言い方をしない。次によく見られる同音表現を挙げておく。

合→和：想我合師 兄 同住一个屋子 師ト同居シテハイカヾ
　　　　如有日本人來、我合他同去 日本トモ同ス、你若散了學生、和我同住、如我去、誰供給你
但→呆：我想中國女子 但在屋子裏 不去大街 上
望→往：欲望上海 捎 信上海ニ書ヲ送ント欲セハ
直→只：我没有法則 致シカタナシ　直好走回來 已ムコトヲ得ス歩シテ回ル
模→抹：買青灰　摸磚縫　瓦ノ合セ目ヲヌル

さらに軽声によるものも多い。たとえば、

早上→興：明尓早興起來
告訴→送：想道人告送他拉

最初の例に見られるように、すでに「合、和」が混用されている。小栗栖自身がこの現象について、「然師ノ一時偶誤シテ他字ノ音通ヲ用ユルモノモ亦之ヲ改メ作ラス、惟北京俗語真面目ヲ存センコトヲ注意シテ文字字義ノ如何ヲ顧ミサルナリ」と『北京紀事』に記し、こうした音通による漢字の代替は師と仰ぐ本然の言語使用の実態を反映するものとされている。

3-1-4　新漢語の伝播

冒頭の引用文でわかるように、明治初年という時代に、日本僧も西洋などにわたって向こうの様子を見学したりするぐらい、外への関心が高まっていた。いわゆる新事物・新概念が日本に持ち込まれ、使われる時

代でもあった。『北京紀事』、『北京紀游』に出ている新語を拾ってみたら、まず、

　　　電信線、電信機、火輪船、火輪車、天主教、瓦斯燈、鉄道、電気、
　　　感応、国際、天文地理
　　　　　　　　　テンウンティリ

といった語が目に付く。そのうち、「瓦斯燈、国際」が純粋に日本で作られた和製漢語として知られる。そして音訳語としては「野列氣エレキ」も日本で訳されている。

　　＊者一頭野列氣、一方ノ電気ト　與那一頭野列氣相感、彼方ノ電気ト感
　　　チヨイトウエーレーチー　　　　　イナイトルエ　レ　チシヤンカン
　　應スル　就是感應的理、
　　　　　　チウシカンインティリ

この「野列氣」の音訳は蘭学時代の訳語で、本来日本語だけに限って使われているもので、中国語としては通用しない。一方、その訳語として使われている「電気」は逆に中国近世洋学資料に使われていて、幕末期に日本に入った言葉である。なぜ小栗栖が「電気」を本文に使わなかったのか分からないが、可能性としてかれが日本に戻ってから「電気」のほうが一般化したかもしれない。

同じ音訳語として「単town」も注目すべきである。

　　＊有法蘭西単、有大英単、有鄂羅斯単、有米利堅単。単者地坊也，
　　　一単内有多少街巷

と、上海における各国の租界地の描写に使われている。そして「単者地坊也、一単内有多少街巷（地域を表し、中には多くの通りが含まれている）」と解釈も続いている[13]。

むろん、上記の地名表記語も音訳であり、「米利堅／亜墨利加アメリカ、英吉利イギリス、顎羅斯ロシア、法蘭西フランス、奥斯的里亜オーストリア、上海シヤンハイ」などが挙げられる。

さらに小栗栖と本然の会話には漢訳洋書の『瀛環志略』にも話題が及んだが、実際に小栗栖から本を借りて読んだ本然の感想は、その書は中国人を驚かせるためのものであって、西洋人の言説を主に展開されたもので、信憑性のある歴史書ではないという返事が返ってきた。漢訳洋書

の中国での評価が低いことを物語っている一コマである。

3-2　文法

3-2-1　人称代名詞＋地、的

　人称代名詞の後ろに「地、的」をつけて主語を際たたせる表現が日本人の中国語習得過程における独自のものとも見受けられるが、実際の中国語口語資料にはそういう表現も見られ、ポーズを置く役割を果たしている。

　＊我的万里孤客、你也是万里孤客
　　（ウヲティワンリクコー、ニーエシワンリクコー）
　＊我地一起根而多病
　　（ウヲティ　チコルトービン）

　自称詞として「自己格尔」と出ているが、現代中国語では「己」が抜けて「自格尔」のほうが普通になっている。

　＊有一位僧人、自己格尔　自身ニ、點着脳戴焼痕　頭ノ灸アトヲ指シ示ス
　　（ヨーイウェスンレン　ツチコール）
　＊我自己格尔　從上海帯來的
　　（ウヲッチコール　ツヲンシヤンハイタイライティ）

　同時代の英国人の編集した北京語テキスト『語言自邇集』（1867）にも下記の例のように、同様の表現が見られる。

　＊若是我自己個兒不辦、必招上司的挑斥。

3-2-2　二人称尊敬語の言い方

　北京語にはいつ、どういう形で敬語の「您」を表しているかが関心事の一つであるが、ここでは「你＋嚢」でその敬語意識を表しているのではないかと思われる。

　＊勞你嚢駕你嚢家トハ貴公トニコト替我熬薬　我想掃房　没有助　勞你嚢駕苦労ナガラ　替我掃一掃
　　（ラウニーナンチヤ　　　　　　　ティウヲ　ヤヲ　ウヲシヤンサウフハン　メヨーチン　ラウニーナンチヤ　　　　　　　ティウヲサウイサウ）
　＊你嚢　替我買艾去　モクサヲ買ヒ来レ
　　（ニーナン　ティウヲマイカイチユイ）
　＊你嚢替我熱一熱　我カ為ニアタヽメテクレヨ
　　（ニーナンティウヲリヨイロ）

159

＊你嚢好　先生ハイカヽ　師曰好　恙ナシ
　　ニーナンハウ　　　　　　　　シユエハウ

　冒頭のセンテンスの注釈「你嚢家トハ貴公ト云コト」からもわかるように、これは尊敬語の「您」を言い表している。それ以前にむろん洋学資料の中には外国人宣教師のそうした記録も見えるそうだ。内田慶市（2001）ではわざわざ一節をもうけて「你納」を中心に各資料の表記が示され、そして、Premare（Joseph Henri, 1666-1735）の「Notitia Linguae Sinicae」（1831）はラテン語で書かれた中国語学書であるが、二人稱「Nin」の発音が「lin」と表記されている[14]。

3-2-3　反復疑問文（VN 否定 V）：

＊叫坐車不坐　車夫ノ言
　チヤウツヲチヨ　ブツヲ
＊是狗是狐狸不是　荅不是狐狸
　シカヲシフーリブシ　　タァフシフーリ
＊問是蛙不是　答是
　ウェンシワーブシ　タァシ
＊有好先生没有　有好大夫没有
　ヨーハウシエンシヨンメヨー　ヨーハウタイフメヨー
＊有火没有　有藥吊子没有
　ヨーホワメヨー　ヨーヤヲテヤウヅメヨー

　上記の例文のように、反復疑問文は「VN 否定 V」の一パタンしか見られない。また、「通來師來來　キテクレヨ」のように動詞の重なりをもって命令・要求を表すこともある。
　　　　　　トンライスーライライ

3-2-4　文末辞：

　「了／拉／来」をもって動作の完了や過去をあらわしている。
＊他賣拉　我買了雨
　タアマイラ　ウヲマイラリヤン
＊作椀豆腐湯豆腐汁可ナリ　挐拉來
　ツヲワントーフタン　　　　　ナララィ
＊八百行不行　行拉　上車罷車ニノリタマへ
　バハイシンブシン　シンラ　シヤンチヨバィ
＊又似乎花而樹阿　為甚麼快落了阿
　ユウスーフホフアルスーアー　ウイシモクワイローラアー

　また、文中において仮定を表すこともある。
＊他要拉知道　窮人之ヲシラハ　半夜三更來搶　夜半ニ來テ盗ム
　タアヤウラチタヲ　　　　　　バンイエサンコンライチヤン

3-2-5 使役

使役については「教」を使っているだけで、現代語の「譲」は見られない。

＊要多穿衣服　別ナカレ要教凍着　寒ニ中リテハアシ、睡覺把被
　　ヤウトーチュワン イ フ　　　　　ベー　　　ヤウチヤウトンツヲ　　　　　　　　　　　　　　　　　　スイチヤウバーベイ
臥蓋好　夜分ハ大ナル夜具ヲ用ユヘシ
　カイハウ

＊別ナカレ教受夜寒　夜分ノ寒氣ヲ用心セヨ
　　ベー　　チヤウシヨウイエハン

4　表音の異同

　西洋人のようにローマ字をもって表音することの少ない時代に、小栗栖は従来のように仮名によって中国語の読みを示していた。その表音法はいままでの南方音によるものと大いに違っていた。ここではまず「五十音図」における日中の対応を見、それからかれの表音の全体図を眺めてみようと思う。

4-1　五十音図

　明治6年の『北京説話』に日本語の五十音図を中国語で表記するものがあった。

阿	伊	。悪	咽	窩	空其口讀噓音
ア	イ	ウ	エ	ヲ	
迦		古	革。	寬	
カ	キ	ク	ケ	コ	
薩	西	思	歇音	双。	
サ	シ	ス	セ	ソ	
答	計	卒	爹	奪	
タ	チ	ツ	テ	ト	
拉	尼	奴	捏	挪	
ナ	ニ	ヌ	ネ	ノ	

哈	奚	弗	嚇	呵
ハ	ヒ	フ	ヘ	ホ
媽	謎	母	咩	麽
マ	ミ	ム	メ	モ
鴉	伊	油	也	邀
ヤ	ヰ	ユ	ヱ	ヨ
喇	力	鹿	。列	肉
ラ	リ	ル	レ	ロ
窪	伊	油	也	窩
ワ	イ	ユ	ヱ	オ

　ここにおいてア行の「ヲ」とワ行の「オ」は現代の五十音図と書き方が逆の位置にありながら、両方とも中国語の漢字「窩 wō」を使って音を表している。漢字の発音からすればワ行の「を」の発音を模写することとなる。また、イ、ヰが二種類出ているが、漢字表記は全部「伊」に統一している。一方、ア行のヱは「咽 yàn」、ヤ行のヱとワ行のヱは同じく「也 yě」を使っているところからみれば、三者は同じ発音ではないようにとらえている。

　ナを「拉」、ラを「喇」と異なる漢字で書き分けているが、北京語自身では両漢字はともに「la」の発音となり、『北京紀事』本文では「拉」、「喇」をともに「ラ」と表音しているから、やや疑問に感じられる。むろん、中国西南地域の出身の人では日本語習得においてナ行とラ行の混同がよく見られるという母語干渉の現象の反映と関係するならば、もしかしたらそちらの出身の中国人に日本語を聞かせた結果かもしれない。事実、彼のとなりに住んでいる、科挙試験のために上京している謝重輝は湖南省の出身で「ナ」「ラ」の区別ができない。

　上記の五十音図において、唯一漢字で当てられない音が「キ」であって、小栗栖自身はこのように説明している。

　　北京本来、「キ」ノ音ヲ缺クニ似タリ、故ニ「キ」ノ字ヲ念シテ「チ」
　　トス、北京ヲ「ペイチン」ト念スル等是ナリ。予イロハ五十韻ヲ本
　　然ニ訳セシムルニ、「カキクケコ」ニ至テ、「キ」ノ音ヲ念シ得ズ、

曰ク、本来「キ」ノ字ナシト。想ニ湖北以外、已ニキノ音アリ、湖北人ノ京ニ在ルモノ、北京ヲ念シテ、「ポキン」トス、北京人或ハ「キ」ノ音ヲ聞テ、「チ」ノ音ト做ス歟。故ニ本書徹頭徹尾、一箇ノ「キ」ノ音ナシ、看ルモノ之ヲ知レ。　　　　　（『北京紀事』凡例）

清末の日本語教科書でも、他の音についてほとんど一漢字をもって音を模写しているのに、唯一この「キ」について「克-伊之切」と標記し、反切の原理で、kiの音を求めることがあった[15]。

明治後期の『華語蛙歩』（浅井新太郎）上編に「北音平仄譜」があり、同じように、五十音図の枠組みの中に中国語漢字の読みを押し込めて両者の音声上の類似性を示している。

4-2　岡島冠山と現代との比較

「彼の表記法には明治大正の華語研究家の大部分が陥っている音韻学的形式主義などは少しもなく、耳に聞いたままを簡潔に、すなおに記述している。しかしまた一面においては「リラン」（然）、「シサン」（山）のように精密な表記をも工夫しているのである。また、日本人が北方華語の音声を実地に組織的に記述したものとしては、恐らくそれが最初の文献であろう。」と、『幼学須知假名附全』における表音のことを、魚返善雄は褒めている[16]。

小栗栖自身も意図的に同一字の異なる音を反映させようとしている。たとえば、『北京紀事』凡例に次の二点を挙げている。

北京人ニシテ、各其音ヲ異ニスルアリ、恩ノ字ノ如キ、「オン」ト念スルアリ、又「ガエン」ト念スルアリ、実地ヲ践履シテ、之ヲ竭スヘシ。

平上去入ニ随テ、音ノ転スルハ常理ナルニ、一韻内ニ在テ、語路言便ニ随テ、音ノ転スルアリ、覚ノ字ノ如キハ、覚生寺ノ覚ヲ「チュワ」ト念シ、正覚ノ覚ヲ「チュエ」ト念シ、睡覚ノ覚ヲ「チャウ」

ト念スル如キ、意ヲ得テ疑ヒナキヲ好トス

　前者について、たしかに「七月以来受你恩不少（シヨウニーガエンプシヤウ）」、また末尾にある地名表記の「思恩府」に「スーガェンフ」との読みをつけているが、意外にも「オン」の読みが見当たらない。普通、地名と普通名詞との違いを際たたせるために区別しているはずであるが。後者について覚生寺を「チュワションスー」、覚海寺を「チュワハイスー」と呼んでいるのが確かだが、同じく寺院の名前について大覚寺を逆に「ダァチョウスー」と呼んでいて統一されていない。さらに、「一夜不能睡覚（スイチャウ）」、「天暖不覚（プチャウ）掀被」のように、現代語では「jiào」「jué」と区別されるべきところを、おなじ「チャウ」で混同している。しかし、

　　＊好吃的貴，不好吃的便宜（ピェンイ），你随便（スービェン）。

（『北京紀事』十一号）

のように、前者の「pián」と後者の「biàn」を半濁音と濁音でちゃんと読み分けている。

　ここで、岡島冠山の表音との違いを、先行研究の資料[17]に照らし合わせながら、下記のような表にまとめることができる。なお、表音の変化はおもに『唐話纂要』から『北京紀事』への仮名の異同を示すもので、現代中国語の仮名表音についてはあくまで参照物として挙げているだけである。

表1　仮名表記変遷表

表音の変化	例　字	『唐話纂要』 （1716年頃）	『北京紀事』 （1875）	『身につく中日・日中辞典』 （2008）
コ→ク	工、供	コン	クン	コン
	孔	コン	クン	コォン
キ→チ	記、吉	キ-	チ	チー
	騎、気	キ-	チ	チィ

エ段→オ段	隔、	ケ	コー	コァ
	勒	レ	ロ	ロァ
	特	デ	ト	トァ
	厚	ヘウ	ホー	ホウ
エ段→ア段	口	ケウ	カヲ	コォウ
	白	ベ	パー	パイ
長音→短音	字	ヅウ	ツ゜	ツー
	助	ツヲ	ツ゜	チュー
	吐	トウ	ツ゜	トゥ
	祖、粗	ツヲ	ツ゜	ツゥ
濁音→清音	大	ダァ	タァ	ター
	十	ジ	シ	シー
	直	ヂ	チ	チー
	朋	ボン	ホン	ポァン
	愁	ヅエウ	チヨウ	チョォウ
	兆	ヂヤウ	チヤウ	チャオ
入声韻尾消失 p k t	法	ハ	ファ	ファー
	玉	ヨ	ユエ	イュ
	物	ウエ	ウ	ウー
	越	ヱ	ユエ	イユエ
	烈	レツ	レ	リェ
三仮名→二仮名	恩	ヱヘン	オン	エヌ
	孫	ソヲン	スン	スヌ
	盆	ベエン	ポン	ペェヌ
二仮名→三仮名	懐	ワイ	ホワイ	ホォワイ
	房	ワン	フハン	ファン

　上記の表で示されるように、南京音とされる『唐話纂要』に比べて、『北京紀事』の北京音はあきらかに現代中国語に近いことが当然といえば当然であるが、『唐話纂要』との違いを次のいくつか挙げることができよう。まず、「工、供、孔」は「コン」から「クン」に、「記、吉、騎、気」は一律「キ」から「チ」に変えられていていた。そして母音もエ段からオ

段、或いはア段へ変える傾向を見せている。さらに本来、止摂、遇摂にあってそれぞれ異なる「字、助、吐」が「祖、粗」とともに「ツ゜」に統一されている。目立つのは南京音の濁音が北京音の清音に変わる点ぐらいであった。入声韻尾の消失は南京音にもすでに見られるが、北京音のほうがより徹底的と言えよう。その他、本来三仮名で表音している南京音を、小栗栖のほうはそれを二仮名と簡単化してしまうのが多い。その逆はむしろ少ないほうである。

　つまり、一年間という短い滞在で聞き分けた、あるいは書き分けた音が先学に比べると実に多くはなかった。全体からみれば、どうしてもその仮名の付け方が簡素に見えてしまう。それは小栗栖自身が中国へ行く前に、先に南京音を勉強したこととも関係していると思われるし、その後の、たとえば明治21年（1888）編纂された呉大五郎、鄭永邦の『日漢英語言合璧 AN ENGLIH CHINESE AND JAPANESE CONVERSATION.』の仮名表音に比べれば、その差が歴然である[18]。

5　今後の課題

　明治初年に記録した中国語をどのようにとらえるべきかはいくつかの課題が残されている。明治6年10月8日、小栗栖は北京に着いてまもなく、北京の俗語を勉強したくてさっそく本然との筆談が始まる。問答形式でさまざまな事について応対があった。たとえば「問中土座位、及応接礼」という、中国での座席の順位についての問いに対して、本然師の答えは「座位不必定左右。大約與門近者、為東席、與門遠者、為客位。請教讀師、必就西席。西席從古尚右（座席は左右を決める必要はなし、大体門に近いほうが主の席で、門に遠いほうは客の席だ。先生に教えを乞う際、必ず先生を西の席につかせる。西の席でも古来右側のほうが尊ばれる）」というのだった。そうした思想と文化との比較において、ほ

かにイスラム教への偏見や、阿片、纏足、汚い、怠けなどの中国人の悪習、具体的にはどうやってトイレにいくことさえも記されている。さらに日本と中国の地域の比較もおもしろい。

> 天津はたくさんの船が往来し、まるで我らが日本の大坂のようである。通州は天津の商船が往来し、まるで日本の伏見のようである。北京は通州の車馬が往来し、まるで日本の京都のようである。日本では、大坂から伏見まで百三十里あるが、汽船に乗れば一日に二往復する。この河に汽船があれば、一日で北京に着くことができるだろう。

と、天津と大坂、通州と伏見、北京と西京などを比較しながら、故郷を思う心情や中国の交通状況の悪さなどについて、著者の体験記が記されている。そして中国の科挙試験や日本の百姓一揆をも紹介している。そうした個々の記述について文化史的視点からより詳細な研究を必要とする。

言語の面からみれば、これらの資料はまず当時の北京俗語を記録した意味として評価できよう。今日にすでに失いつつある表現や、言葉があっても意味的に把握できない語や、さらにいままでの俗語辞典に収録されていない語などを、日本語訳がついてあるという強みを生かして、その中国語としての意味の不確定性を解消させるには俗語集の形で編集しなおすことが喫緊の要務であろう。また仮名による表音に関しては、あきらかに従来のものと異なる反面、小栗栖独自の言語特徴を浮き彫りにすることできる。これらをふまえて、当時の日本語と中国語との比較という視野でとらえることができ、新たな言語事実の発見にもつながることとなろう。

参考文献
Thomas Francis Wade（1867）『語言自邇集』Shanghai.
呉大五郎・鄭永邦編著（1888）『日漢英語言合璧 AN ENGLIH CHINESE AND JAPANESE CONVERSATION.』、明治21年12月
高倉正三（1943）『蘇州日記』弘文堂、昭和18年1月

魚返善雄（1947）「蓮舶上人北京話 ── 明治6年小栗栖香頂の留学記録 ── 」『桃源』昭和23年11月

（1957-58）「同治末年留燕日記」（上下）『東京女子大学論集』第八巻第一、二号、昭和32年11月、昭和33年12月

任明（1953）『北方土語辞典』春明出版社、1953年

K. O. ライシャワー（1963）『世界史上の圓仁 ── 唐代中国への旅』（田村完誓訳）実業之日本社、1963年

陳剛（1985）『北京方言詞典』商務印書館、1985年

李思敬（1986）『漢語"儿"音史研究』商務印書館、1986年

安藤彦太郎（1988）『中国語と近代日本』岩波新書、1988年

六角恒廣（1999）『漢語師家伝 ── 中国語教育の先人たち』東方書店、1999年7月

内田慶市（2001）『近代における東西言語文化接触の研究』関西大学出版部、2001年

奥村佳代子（2007）『江戸時代における唐話に関する基礎研究』関西大学東西学術研究所研究叢刊28、2007年4月

木場明志編（2004）『小栗栖香頂師百回忌法要記念　教法のため　人びとのため ── 小栗栖香頂師の実績 ── 』法雲山　妙正寺、2004年4月

陳継東（2000）「1873年における日本僧の北京日記 ── 小栗栖香頂の『北京説話』（Ⅰ） ── 」、『国際教育研究』第20号、東京学芸大学海外子女教育センター、2000年

（2005）「明治初年日本僧の北京見聞録 ── 小栗栖香頂とその『北京紀事』 ── 」「武蔵野大学オムニバス仏教講座 ── 仏教の多様性に学ぶ」2005年

陳継東・陳力衛（2008）『北京紀事・北京紀游』中華書局、2008年

張照旭（2014）「『大清文典』の中国語カナ表記について」『岡山大学大学院社会文化科学研究科紀要第37号』

注

1）それに対する中国側の見方が異なっている。「拡張と破滅」というタイトルで示されたように、中国人忻平博士が戦前の日本仏教浄土真宗の在華活動を基本的にこのように位置付けている。いわく「1876年7月3日、小栗栖香頂らが来華して8月13日に上海虹口河南路と北京路の附近に「真宗東本愿寺上海別院」を開設することが近代日本仏教の中国への拡張の幕が切っておろされたこととなり、日本仏教が千年の発展を経てはじめてその宗教母国への「逆輸入」を果たし、中日仏教交流史の転換点となったわけである。」と、1997年4月29日毛丹青訪談による http://club.kdnet.net/dispbbs.asp?id=867903&boardid=1 を参照。

2）魚返善雄（1947）14頁

3)『日本書紀』などの記述によれば、応神十六年百済の王仁が諸典籍をもって日本にやってきたという。それを換算すればたしかに西暦二八五年に相当し、ここでいう「今年に至るまで千五百三十年余りたつ」とは合致するが、しかし、同じ出来事を記録する朝鮮の『三国史記』に照らしてみれば、応神十六年は四〇五年に相当するものとなる。つまり『日本書紀』の朝鮮関連記事は干支を二巡、すなわち百二十年繰り上げるという操作を施したのだろう。
4)「北京紀游」によれば、「二　携帯物品　此遊所携帯物品、弥陀佛一龕、名号一軸、三経、七祖無門関、御本書、唐音禅門仏事、**二字三字話**、和漢年契、支那地図、新旧両暦、冠、袈裟、袍衣、襯衣、単衣、葛衣、綿衣、枕、被、褥、蒲団、蚊帳、毛布、褌子、韈、靴（支那製）、褌、拭巾、皮箱（支那製）、文庫、銭嚢、錠、印、念珠、沈香、墨、墨斗、墨硯、朱、朱肉、朱硯、大筆、小筆、竹紙、和紙、半紙、塵紙、封筒、燐寸、蝋燭、扇、団扇、小刀、剃刀、剪子、磁針、時辰器、寒温器、茶碗、箸、土瓶、疝癪薬、葛根湯、三味湯、真珠、眼薬、石綿、萬金膏、寳丹、鰹、焼酎、麦酒、茶、梅干、氷糖、洋辛、以下数件。」とある。その『二字三字話』も小栗栖の所蔵として現在でも実際に確認できる。
5)六角恒廣（1999）「穎川重寛――唐通事から漢語教師へ」によれば、明治9年「中田敬義ら三人を北京へ送り出してから、穎川重寛は、なんとなく一抹のさみしさを覚えた。漢語学所から数年教えてきた唐話の南京語が北京官話にとって代えられる時代が来たのであろう。それにしても長崎において二百数十年も伝承された唐話が、辛くも生き延びて、明治の時代になっても自分たちの手で細々と承け継がれてきたことを思うと、何やら自分たちの寿命も、そろそろ尽き果てるときがやってきそうな気がしてきた。」という。（27頁）
6)魚返善雄（1947）14頁
7)「北京紀游」によれば、「九十二　訪英館　五日同嶋・中村二氏訪東江米巷英館。一官人有雅芝出接。余請借覧英国欽差大臣所著『文件自邇集』『語言自邇集』。曰「近日取之上海、送呈。」公使氏名、館人三十余名。」とある。
8)六角恒廣（1999）『漢語師家伝――中国語教育の先人たち』によれば、『語言自邇集』が東京外国語学校に購入されたのが明治9年6月以降であり、その後、それによる中国語教育も始まったが、本格的に日本で普及したのは廣部精によって改編された『亜細亜言語支那官話部』の出版（明治12年（1879）六月）を待たさなければならなかったという。
9)魚返善雄（1947）11頁
10)同上12-13頁
11)『北京紀事』の凡例によれば、「北京ハ満漢蒙蔵四国ノ都会ナレハ、蒙古語ヲ以テ漢字ヲ念スルアリ、給ノ字ノ如キハ北京音「チー」也、蒙古人ハ人ニ物ヲ施スヲ「カェー」ト呼フ、故ニ給ノ字ニ「カェー」ノ音ヲ施スルハ蒙古語ノ錯韻セシニ係ル、又満洲語ノ北京ニ入テ、自然ニ北京語ト成ルモノアリ、膝骨ノ事ヲ鉢羅蓋爾ト云カ如キハ満洲語ナリ、已上ノ二事ハ、本然ノ口授ニ係ル。」のように、満洲語から来たものとされている。

12）近世上方で、遊女をさしていう。＊浪花聞書（1819 年頃）「おやま遊女なり。女郎とは先づいわず、けいせいとも云。又云、其場所にては女中、ひめ杯と唱ふ」＊随筆・守貞漫稿（1837-53）一九「姫とは専ら遊女を指と難ども、又婦女の惣称にも云也」
13）現に北京には「東単」「西単」の地名があり、もしこの解釈でいけば「East town」「West town」の訳語の可能性も出てくる。
14）内田慶市（2001）を参照
15）新智社編輯局編纂『実用東語完璧』（新智社、1905）7 頁
16）魚返善雄（1947）17 頁
17）岡島冠山の『唐話纂要』（1716 年頃）の表音について張照旭（2014）に挙げている「分紐分韻表」を参照。そして現代語の表音について、千葉謙悟・熊進の『身につく中日・日中辞典』（三省堂、2008）を参照。
18）その表音はあきらかに Wade の『語言自邇集』（1867）の影響を受けることと関係があろう。

付記
　本稿は成城大学『経済研究』206 号（2014.11）に載せていたものに訂正、加筆を加えたものである。

東亞官話圈的"訓讀"
―― 以江戶時代的"崎陽之學"和長崎唐通事為例 ――

木 津 祐 子

0 前言

最近，京都大學金文京教授等提倡了"漢文文化圈"這一新的稱呼[1]，其背景中有他歷年從事的包括日本、朝鮮等中國周緣地域的"漢文訓讀"歷史研究。據考證，早在五十年前龜井孝等日語專家首次提倡"漢字文化圈"的時候[2]，他們注重的也是同樣使用中國漢字的東亞各地醞釀出來的多采多姿的書面文化。不過隨著時間的推移，"漢字文化圈"這個詞語單獨在廣泛領域中被使用開來，其內涵意義似乎也逐漸轉變了。

我的這次報告也呼應金教授的提倡，為了解析"漢文圈"[3]所產生的多彩書面文化，準備重新討論江戶時代有關"訓讀"的思維轉變及其機制。焦點要放在當時日本漢學界稱作"崎陽之學"的新知識和長崎唐通事的學術問題上。

1 "訓讀"的領域擴展

中國周緣地區，特別是使用跟漢語不同句法的語言領域中，為了幫助對漢文原文的理解，各地學人在閱讀漢籍時往往創造了各自不同的閱讀方式。現在把它統稱為"訓讀"。日本的"訓讀"，從資料之豐富、歷史之悠久的角度來看，可以說是最具有代表性的例子。朝鮮半島早已發現所謂

"吐"就是類似于日語的補讀符號"送り假名（おくりがな）"（用來標記助詞、用言的活用詞尾以及漢字的日語訓讀音）。此後，直至1973年，在高麗時代的佛像胎内發現了用數字一二三等類似於"返り點（かえりてん）"的顛倒符號，致使學界公認了朝鮮半島的確也有過顛倒語序的"訓讀"傳統。

雖然還沒有發現可以證明"訓讀"實績的文物，不過在史料中能看出契丹也有一樣的"訓讀"習慣，洪邁《夷堅志》〈契丹誦詩〉說：

契丹小兒初讀書時，先以俗語顛倒其文句習之，至有一字用兩三字者。頃奉使中國時，接伴副使秘書監王補者，每為余言以為笑。如「鳥宿池中樹，僧敲月下門」兩句，其讀時則曰：「月明裡和尚門子打，水底裡樹上老鴉坐。」大率如此。補，錦州人，亦一契丹也。

參考最近的研究可以得知，除了日本、朝鮮、契丹這些使用黏着語地區之外，越南的歷史文獻中也發現了一種"訓讀"資料。越南是使用跟漢語句法相對一致的孤立語的地區，按道理說，誦讀漢文時不該發生像日本、朝鮮那樣在實詞後加助詞或活用詞尾的現象。在越南發現的是類似於日本"文選讀（もんぜんよみ）"的訓讀資料[4]。所謂"文選讀"是在啓蒙階段運用的一種特殊訓讀法，是先將有實義的詞組用"字音"直讀，接著再用那個詞組的"訓讀音"重讀。此類"訓讀"似乎在東亞地區分布非常廣泛，庄桓内正宏教授曾經指出高昌維吾爾也有此類訓讀法[5]。很明顯，中國的東南西北周邊地域都擁有利用"訓讀"法來閱讀中國古籍的歷史。

前人指出[6]，經過漢文"訓讀"的鍛鍊，東亞地區也產生了很多"變體漢文"，在空間和時間兩個座標上出現了非常多彩的書面文化。我認為，容許產生這麼多樣的"本地化"漢文，也是漢語這個文明語言的突出特徵之一。

元明清時期，域外通事撰寫的官話著作也是產生許多"變體官話"的平台之一。那麼，也可以這麼說，直至清代以前，東亞"漢文圈"增加了

一個能稱作"官話圈"的新天地。江戶時代的長崎唐通事也算是其"官話圈"的主要成員之一。他們在學習官話的過程中撰寫了不少官話著作。按照對中國的親疏或瞭解的程度，他們在語言的學習和實踐上都會受到隨之而來的制約。這些制約也是與廣義的"訓讀"行為分不開的。此時的"訓讀"，已不僅僅停留在〈解讀——轉換成本地語序〉的階段，而是同時發展到〈吸收——模擬創作〉的擴展階段。

這樣看來，"訓讀"有轉變和擴展兩種意義；轉變是在本地深化的"訓讀"內涵；相對而言，變體"漢文"的產生是"訓讀"擴展的一個結果。

2 "崎陽之學"和江戶時代日本漢學界

日本的訓讀歷史悠久、資料尤為豐富，其中有訓讀符號痕跡的文獻資料最早能回溯到公元八世紀。

"訓讀"不僅是閱讀漢文的方式，還在寫作漢文甚至日文時深刻影響了古代日本人的思維脈絡。我們經常說日語的演變歷史是受到"漢文"影響而變化了的歷史，實際上我認為應該說是受了"訓讀"影響的歷史才對。"訓讀"的基本程序從八世紀到現在一直沒有發生過很大的變化，即先解讀原文語脈再按其解讀顛倒語序，實詞是直接用漢文原文，誦讀時字音用日語字音，再附加助詞和活用詞尾念下去。"訓讀"的具體方式是隨著時代和流派而發生著顯著變化的，不過其內部細節並沒有受到活著的語言"漢語"的影響，而是獨自演變過來的。日本的"訓讀"當然與漢文原文密不可分，但是一般來講，大多數的學生都只能依靠書籍吸收中國文化，所以"訓讀"的發展天地也只能局限於解讀書籍的狹隘空間裡。另外，"訓讀"這一行為歷來或被認為是一種翻譯，當然不能否定它具有這樣的面貌，不過，用"訓讀"來誦讀的、具備日語句法的"訓讀文"，日語使用者只要一"聽"其語調，就能辨別出它源自漢文。即便用"訓讀"將漢文轉換成具備日語句法的"訓讀文"，這些"訓讀文"還是與自然的日語有一定

的距離，不免帶著所謂"訓讀調"的特殊味道。值得一提的是，這樣的所謂"訓讀調"對一般日本人來說歷來是比較好聽的誦讀法之一。有時，學讀"訓讀文"甚至可以代替學習漢文原文。直至今日，日本社會一直沒有拋棄"訓讀"的主要原因之一，也許可以在這些帶有"訓讀調"的特殊日語中找到。

如上所述，保持既與漢文又與日文都有不即不離的關係而演變過來的"訓讀"，到了江戶時代開始面對一個革新轉變的新局面。其時著名漢學家荻生徂徠（1666-1728）曾經主張，要否定老式"訓讀"，提倡"直讀"和用日語口語的"譯文"的重要性。而支持他的主張的，就是當時日本人稱作"唐話"的同時代漢語的知識。

荻生徂徠在《譯文筌蹄・序・題言十則》中根據日本和中國的語言不同，批評"訓讀"為一種很不完全的翻譯行為：先於誦讀必須解讀，換句話說，用"訓讀"誦讀出來了，對日本人來說似乎就已經完成了解讀。他說這裡有很大的陷阱，口頭能夠講出的"訓讀文"，其實只不過是隔靴搔癢，牽強附會的理解。

> 此方學者，以方言讀書，號曰和訓。取諸訓詁之義，其實譯也，而人不知其為譯矣。古人曰，讀書千遍，其義自見。予幼時切怪古人方其義未見時如何能讀。殊不知中華讀書從頭直下，一如此方人念佛經陀羅尼。故雖未解其義，亦能讀之耳。若此方讀法，順逆迴環，必移中華文字以就方言者，一讀便解，不解不可讀。信乎，和訓之名為當。而學者宜或易於為力也。但此方自有此方言語，中華自有中華言語，體質本殊，由何吻合。是以和訓迴環之讀，雖若可通，實為牽強。……

他繼續說，為了轉換成日語詞序，日本人在必須加入原文中所沒有的很多助詞的同時，如果遇到無法移到日語的原文助詞，便不得不把它稱作"默字"而忽略掉。不過這也有好處，正是因為有如此尷尬的境遇，才能

了解到兩種語言的差別所在。

> ……故學者先務，唯要其就華人言語識其本來面目，而其本來面目，華人所不識也。豈非身在廬山中故乎。我今以和語求之，然後知其所以異者。假如南人在南，不自覺地候之異，北人來南乃識喧熱耳。觀其順逆迴環然後可讀焉，則知上下位置體段之不同也；其正訓之外，字必加轉聲然後可讀焉，則知此方用助聲多於彼也；其也矣焉類，無方言之可訓而此方助聲亦莫有文字焉，則知彼此語脈文勢轉折之則自殊也；……

為了突破"訓讀"所不可回避的困難，他首先提倡如中國人一樣不顛倒原文的"直讀"方式。不過，實際上日語和漢語句法不同，還是必須依靠"訓讀"方式幫助理解。於是他建議"訓讀"時不用日語古文而用日語俗語，這就是他所提倡的"譯文"。

荻生徂徠的新建議是受到所謂"崎陽之學"的影響發展而來的，即長崎唐通事的同時代漢語"唐話"學習，"崎陽"就是長崎的雅名，也作為新知識早已傳到江戶學界。他說：

> 故予嘗為蒙生定學問之法，先為"崎陽之學"，教以俗語，誦以華音，譯以此方俚語，絕不作和訓迴環之讀，始以零細者二字三字為句，後使讀成書者。崎陽之學既成，乃始得為中華人。而後稍稍讀經子史集四部書，勢如破竹，是最上乘也。

荻生徂徠的唐話知識，是向來日黃檗僧之外，還向中野撝謙（1667-1720）、深見玄岱（1649-1722）、岡島冠山（1674-1728）等長崎出身的學者學來的。中野撝謙、深見玄岱都是華人後代[7]，做過長崎唐通事，作為唐話名家聞名於當世。岡島冠山也做過長崎唐通事，不過他不是華人後代而是一介內通事出身，按長崎唐通事機構的規矩，無論他的漢語能力有

多麼高在長崎也沒有出路。他是個很有事業心的人，辭了唐通事之後，先到荻藩（現在的山口縣）做過通事，再到江戶開始和荻生徂徠一門交流。他在著書方面傾注了大量精力，其中包括《唐話纂要》《唐音雅俗語類》《唐譯便覽》《唐語便用》《唐音和解》等眾多作品。他還將《水滸傳》翻譯成日文，也受到了廣泛讀者的歡迎。現在，翻看《唐話纂要》，就可以知道該書的構成確實呼應荻生徂徠所提倡的"崎陽之學"的讀書程序：卷一到卷三是詞組彙集，卷一為〈二字話〉〈三字話〉、卷二為〈四字話〉，字數逐漸增加。每個詞組還都具有以片假名標注的官話發音和相對的日語翻譯，這些日語翻譯也沒有使用日語古文而是使用了當代的口語；如"太平：發音タイピン、日語タイヘイナ"、"興趣：發音ヒンツュイ、日語オモシロイ"等等。他的《唐話類纂》（寫本，收錄於《唐話辭書類集》第一集，汲古書院，1969年）卷頭第一頁上除了有作者岡島冠山的名字之外，還列出了荻生徂徠、太宰純[8]（1680-1728）、篠崎東海[9]（1687-1740）等當時著名漢學家的姓名。

荻生徂徠學習唐話的地點當然不在長崎而在江戶，將唐話叫做"崎陽之學"，並將其與本地江戶的學問隔離開來。這個稱呼意外地顯露了彼此之間存在無法彌補的距離。儘管如此，長崎的唐話似乎是溝通日本和中國之間的踏腳石，無疑在荻生徂徠及其門下學人中為"訓讀"的轉變起到了內部契機的作用[10]。

一般來說，詞頭加地名的事物，一離開本地往往就會改變其中某種基礎成分。那麼，在江戶逼迫漢學家去更新"訓讀"概念的這個"崎陽之學"，如果在長崎唐通事的本地探尋的話，我們能夠看到怎樣的"訓讀"之現場呢？

3 長崎唐通事的"訓讀"天地[11]

唐通事所撰寫的著作，目前流傳下來的基本都是手抄本，也都是無名

作者的著作。除了「二字話」「三字話」等零碎的詞彙集之外，管見的有如下幾種：

　　a）唐通事心得、b）長短拾話唐話、c）譯家必備、d）瓊浦佳話四卷、e）小孩兒、f）養兒子、g）官話纂、h）鬧裡鬧、i）請客人

　這些書都用極為通俗的"官話"撰寫。行文上幾乎沒有特別的修辭或典故，內容也都迫近於長崎的日常生活，所以可即刻應用到唐通事的職務以及守家規矩上。值得注意的是，長崎唐通事撰述這些身邊的處事教訓時，積極採用中國話本小說的框架，也就是說，按照「定場詩・入話・正話・収場詩」這樣的結構，過節還用「話說」「閒話少說」「說話的」「要知端的，且聽下回分解」等說書人的一套老調，結果是外表體例上很接近話本小說。如：

　　<u>話說</u>長崎地名，原來叫做瓊浦。這地方風水景致，雖是可觀，只是西國裡頭一个偏僻的所在。………<u>正是</u>

　　　千丈韜光聳九州　　從來山水壓丹丘
　　　且看西海邊隅地　　獨作扶桑大馬頭

　　<u>卻說</u>……。……<u>這正是</u>

　　　莫笑綢繆天未雨　事急難將駟馬追

　　……說來說去，做乙个職事不是容易，做通事最艱難。通事也有幾等幾樣，品級不同。叫做問信通事，按察大通事，副通事，學通事，唐年行司，內通頭，各有名目。通事的職分非同小可，關頭甚大。為何呢。<u>看官有所不知，等我慢慢分說。</u>

　　　　　　　　　　　　　　　　（抄出於《瓊浦佳話》卷一）

　一看就知道，表面形式忠實地沿襲了話本小說。不過，進一步看的話，其內容不一定與中國話本小說相同。

　中國的明清白話小說，語言雖然是以口語語法為基礎，卻多用文言典故、文學修辭，引用的詩詞中也有相當高雅的作品，讀者需要有一定程度

以上的文化修養。因為它是為了默讀的文字，直接念出來也不能做為日常溝通的工具。金文京教授視白話小說為文言和白話兩種語言形式的混合體，將它算在"變體漢文"的範疇裡[12]。

關於這一點，長崎通事的著作卻沒有文言成分，整篇都用非常通俗的語言來撰述。不過，其語言已經超出白話的規格之外，按照十七世紀中文著作的標準來說，是絕不能看作文學語言的。外表是沿襲說書人框架的白話小說，灌入的語言是極為通順的口語——即官話。加之，他們的撰述語言裡還包含著反映某種中國方言的特點——似乎接近於江淮官話或江浙吳語地區人講的官話，語言的通俗性和口語性因此而加強。如[13]：

- 新造一個唐館，把唐人住在裡頭，不許出外。【瓊浦二 1a】
- 一根草也不許帶回去。回路上縱有私貨船，無物可賣，無貨可買，不把他犯法的意思了。【瓊浦二 5b】
- 把房子租把唐人居住，打掃房間，把客人開舖。【瓊浦一 13a】
- 那醫生滿心想要救得活，把藥箱裡頭的藥劑和盤托倒出來，把病人吃。【唐話】
- 只當隔靴搔不著痒處，好几遭落空了，及至弄手勢把他看，方纔搔着了。【心得】

省	地名	處置	使動	被動	給予	依據資料
江蘇省	阜寧縣	把	把	給	把	江苏省志・方言志[14]
	如皋县	把	把	給	把	同上
	泰州市	馬	馬	挨	馬	同上
	盐城市	把	把	給	把	同上

長崎唐通事的著作，藉的是話本小說的框架，用的是非常口語的官話文，題材是長崎史實（實際發生過的犯案、政策變革、通事職掌細節等），講的是對長崎人迫切有用的職業倫理、處世訓。說書先生的老調和帶一點方言味道的口語放在一起，還是有點彆扭，不過唐通事自己完全沒有介意。這些"變體白話文"，或許也能看作一種"訓讀"（解讀—翻譯—吸收—模

擬創作）話本小說的成果之一。

下面舉幾個例子具體討論他們講故事的文風。

4　伊東（伊藤小左衛門）私下貿易犯案

在幾部長崎通事的著作中有一個故事反覆出現，引人矚目，那就是在日本寬文七年（1667年：康熙六年）被告發的"伊藤小左衛門私下貿易犯案"。這件犯案規模極大，連坐的長崎、對馬、大阪等地官人或商人總人數為九十四人（一說有兩百七十人），轟動海內。通事借他的犯案來創作了一個很有趣的教訓談。

至於史實的"伊藤小左衛門私下貿易犯案"，長崎奉行的判牘檔案《犯科帳》中記載如下：

長崎居住之者　家持
　筑前伊藤小左衛門　未ニ年四十九　未六月廿五日長崎水之浦ニ而松平右衛門佐より召捕之　七月六日　五嶋町江預置九月四日籠舍此者卯辰兩年　小茂田勘左衛門扇角右衛門なとと申合致金元兩年共ニ船を仕立朝鮮国江武具相渡し候　依之未十一月晦日はり付ニ掛之其上男子弐人在之　壱人は於当所同日斬罪　壱人は筑前ニ有之　故右衛門佐江申遣　於彼地同十二月十九日被致斬罪候由　同月廿三日右衛門佐より申来
　（漢譯：筑前國人伊藤小左衛門，寬文七年四十九歲。該年六月廿五日在長崎水之浦被松平右衛門佐捕捉。同年七月六日被送到五嶋町，九月四日收獄。此人寬文五年和六年與小茂田勘左衛門、扇角右衛門等人計較集股，共同出船把日本兵器賣到朝鮮去。七年十一月三十日，處磔。有兩個男子，壱人同日同所　處斬死，壱人住在筑前，所以派右衛門佐到該地，十二月十九日處斬死，同月廿三日

<u>右衛門佐如上回報。</u>)

　　記錄這個犯案的有《長短拾話唐話》《唐通事心得》以及《瓊浦佳話》。其中《瓊浦佳話》的描述又詳細又精彩，具有獨特的風格。故事情節變化多端，還安排了主角配角的扮演差別。特別是這些角色的科白各有趣味，也很成功地表現了人情的微妙，加之還設有命運前定、不祥徵兆之類的種種結構，可以說是三篇中最完美的模擬話本小說的教訓談。

　　下面引用具體例子。請大家注意，唐通事著作中"伊藤"都被寫作"伊東"。

4-1 《長短拾話唐話》(《唐通事心得》也同）

　　　聞得說，六十年前，長崎有一个大財主，姓叫做伊東。原來做私貨是這個財主纔起頭。他也帶了軍器到朝鮮去買貨。後來有人首告，露出馬腳來，被王家問罪了。
　　……原來酒色財氣，這四個字大誤了人。做一ヶ人立身在世間，名利兩個字雖然丟不掉，將就些自然沒事了。只顧貪圖不肯罷休，所以弄出事來，活々送了一條性命。豈不可惜。<u>他那伊東到朝鮮去，不是一遭兩遭，一連去了十三遭，到了第十三遭，方纔露出來。單々走一待也撰錢不少，何況十三遭老大掘藏了。論起伊東的家事來，長崎算得第一個大財主人，家裡銀子推放不起，說來坑廁上，都是銀子的。這樣豪富有什麼不像意，又要貪財，做那樣欺公犯法的勾當，這也罷了。一連去撰錢，就是因該歇了。為什麼只管累次去，不曉得收拾。若是走了四五遭就歇了，再沒有人得知，自然好々過日子，那有死在刀鎗之下。這都是自家惹出來的，怪不得人家了。</u>………
　　<u>做一個財主，也是照伊東那樣犯了法度，何況窮人家，當一件吃一件，過不得日子的，自然思量要做歹事了。</u>原來做一個人，不論那一個都是有良心。肚裏通不通，良心是不昧的了。你看那一夥做強盜的人，

都是識字，筆下也來得。但是一味打劫了人家的東西，結果了人家的性命，這都是家裡窮苦，餓死不得，所以無可奈何做這樣狠巴々的事情，不是沒良心的了。

《長短拾話唐話》講的道理雖然很樸素，卻很純真地反映出一般老百姓的價值觀念來。伊藤小佐衛門的罪狀當然不容分辨，犯的是走私貿易，貨物也是幕府禁制的兵器，罪上加罪的嚴重犯案。所以做為教訓談，最先應該勸誡的是：要學習身守法禁、利令智昏的道理，不然惹引喪家亡命，等等道理。但實際上並非如此，《長短拾話唐話》要忌諱的是"喪家"，并不完全否定"犯法"和"勢利"部分，如："他那伊東到朝鮮去，不是一遭兩遭，一連去了十三遭，到了第十三遭，方纔露出來。<u>單々走一待也撰錢不少，何況十三遭老大掘藏了</u>"、"一連去撰錢，就是因該歇了。為什麼只管累次去，不曉得收拾。<u>若是走了四五遭就歇了，再沒有人得知，自然好々過日子，那有死在刀鎗之下</u>"。

這樣的教訓雖然不能說很"文明"，但是也可以說很好地反映了一般老百姓的實際願望。按照他們的價值觀念來說，假如有人利用不正經的手段去賺一筆錢，也不會是最凶惡的罪犯，在沒被揭露之前歸正了就可作罷；那伊藤的最大錯誤在於不知足、太貪婪，累次重犯的這一點上。這樣半清半濁的做人道理，不也是當時長崎人容易接受、最實效的教訓嗎？

4-2 《瓊浦佳話》卷一

下面引用的是《瓊浦佳話》的有關記載，先看看其開篇敘述：

<u>卻說</u>，長崎人民大小職事人人小商人，都是不少穿不少吃，都是有的過活，個個快活，處處繁華。如此數十年，誰想好事多魔，泰中生否，生出乙办（一般）憂愁來。

長崎有一个人，姓伊東，名字叫做小佐衛門。論起他的家事來，比人

不同，十分富貴，金銀寶貝，堆滿如山，家裏不知有多少銀兩，沒人得知。人家批評他說道，少也有二三百萬兩，連田產家伙房子算將起來，數也不（計其）數，正所謂烏鴉飛不過的田地，盜賊扛不動的金銀山。因為雖沒有什麼才調，名聲大高，本地人是不消說，連別嶋的人曉得他的名。往常錦衣玉食沒有一件不如意，要長就長，要短就短，快快活活過日子。俗語說，有錢便得鬼走。這個是然之理了。
你看，這樣一個大財主還有什麼不足，做那不正經的勾當麼，看官有所不知。⋯⋯

這裏最重要的是「有錢便得鬼走」，就是伊藤故事的一個大題目，整篇向著這個總括性的題目奔過去的。《長短拾話唐話》也是在開篇就講述了伊藤的富貴，卻沒歸結到一個格言俗語去。僅憑這一點，也能看得出《長短拾話唐話》不如《瓊浦佳話》講述故事的力量強大。

下一段就開始「正話」了。幾個重要角色終於登場。這裏虛構的謀議場面相當有趣，可以說是一場壓卷的情景，很成功地提高了故事的虛構性和可讀性。他們的惡行開始如下：

有一日，五个人著棋著得高興，其中一个人說道：我等靠着祖上的遺產，放債盤利，好便是好。只是人生一世，艸生一春，再把家私豪富起來，重振門風，弄出石崇一般的名聲來，叫天下的人欣慕一番，豈不是揚祖顯宗的了。⋯⋯。
那時節還有一个人，聽了這些說話便拍手打掌說道：奇哉！奇哉！連叫几聲。四个人不解其故，解說不出，忙問道：你何出此言？那个人答道：昨夜我見一个夢，夢裡見一个老人家，被這个老人攛掇，買了許多軍器，鎗刀盔甲等樣裝滿一隻船，到朝鮮地方去做買賣。⋯⋯今日聽老兄的話，暗合道妙，應當昨夜的夢，豈不是奇怪，莫若買備軍器，到朝鮮走一待，不知列位意下如何？
三个人聽說，舉手加額，歡喜不迭，說道：既有這樣預兆，不消過慮，

五个人鬪出本錢，買備兵器，打張起身罷！

故事講到這里，主角伊藤（伊東）卻還沒出面，下一段才是伊藤的第一科白。這裏描述的伊藤竟然不是個主犯，而是被牽連的一個可憐人物。主角伊藤的第一科白是要勸阻四个人去犯罪的，使用的是很正經的語言。

<u>那時節，唯獨伊東只做戲弄，不在其意。及至後來認真説，便戰戰兢兢勸慰四个人説道</u>：掙錢興業，這是人家的慷慨，不得不計較。但是欺公犯法也要曉得。原來天網恢恢，疏而不漏，人有百算，天只有一算，究竟不當穩便，若是一旦敗露出來，到把花錦一般的家私，撇下西洋大海去，豈不是顧瓶偷酒一樣，倒折本錢了。……<u>須要依我的話，息了這个念頭罷</u>！

但是他的懇懇勸言都沒能被四个人接受。四个人不聽伊藤的勸阻，反而開始強迫伊藤做他們的夥伴了。

<u>四个人聽了這一場説話，先有三分不喜，掃了一半興，約有半个時辰，不説什麽話，沈吟不已。常言道，黃金黑世心，白酒紅人面。這四个人，雖然聰明過人，只被貪心固蔽了聰明，縛住了手脚，左思右想，只是割捨不下。過了半响，一齊開口説道：兄長的説話，句句有利（利該作理），如來佛祖説法也不過如此</u>。我等頑石，敢不點頭。雖然如此，也有一句俗語，有酒不飲是癡漢，有花不採是呆人。且到朝鮮去，遊翫一回也不為過，我們主意已定，料想沒甚難為。兄長不要古（古該作固）執。

值得注意的是，伊藤沒有一下子被四个人脅迫作伴，作者首先安排了比較客氣的互相應酬的場面。情節中有這麽一段，使故事整篇獲得了優秀的虛構性和現實性。我們讀起來就感覺到很濃厚的文學趣味，作者的文筆

顯然很熟練。

故事真正開始疾馳的是接下來的一段。局面緊張得一觸即發。

伊東只是不採他說道：四位既然立誓要去，聽憑尊裁，<u>我這伊東不敢奉陪。說罷，將要起來告別。四个人看見起身，便大怒一把揪住伊東，連忙作色說道</u>：方纔所說的是心服的話，性命相關的一件大事。……<u>你肯也要做夥計，不肯也要做夥計</u>。若要回家，除非是替四个人併命，等你再投人身的時節，漫漫請回家罷，一个弔桶，既然落在井裡，只怕掙不起哩！<u>說罷，四个人將要拔刀</u>。

事情一到這里，伊藤就只好隨四個夥計動手。放洋以後，因為有幾個不祥的徵兆陸續出現，他的心情遭到擾亂。譬如，他在船上夢見家裏的傳世寶鏡忽然被破壞，醒過來還看到無數烏鴉圍著船亂叫；加之，他的長崎家裏也發生了種種不可思議的事件，讓讀者能夠預感到伊藤他們快要走向悲慘的結局了。

《瓊浦佳話》顯然比《長短拾話唐話》更精練，具有更加巧妙的故事情節。教訓也遠超越《長短拾話唐話》的樸素，已經不容許"沒被揭露之前歸正就可作罷"，而把"因果應報"、"命如前定"等較"文明"而且很好懂的思想放在裡面。"有錢便得鬼走"、"路上說話，艸裡有人"、"人為財死，身為食亡"等俗語也跟情節搭配得有效，《瓊浦佳話》的伊藤故事可以說是名副其實的域外"變體"話本小說。

5　暫結語

對於身為域外通事的長崎唐通事來說，白話小說從一開始就具有學習目標的地位。

他們在接受而學習白話小說時，從中過濾出對自己有用的成分來吸收，即中國話本小說的文體框架，最後用其文體框架復原模擬話本小說時，灌入的內容無需在中國故事中取材，對他們更重要的是當時長崎人最迫切的處身規矩。雖然使用的俗語格言是從中國學來的，不過勸的是長崎（日本）的善行，戒的是長崎（日本）的法禁。除了語言為官話之外，故事的內容幾乎沒有中國味道。這樣看來，中國白話小說準備的語言和義理的融合結構[15]，在長崎的著作裡已經相當的"本地化"。這是因為唐通事和中國的距離使然的[16]。

長崎唐通事也有華人移民的後代作為其主要構成人員，不過，江戶幕府的國策和長崎的民情不允許他們保持自己作為華人的主體性。至於學習漢語（唐話）的動機，早期還有些尊崇祖先語言的意思，不過到"正德新例"以後，對職掌的責任蓋過了對祖先的忠誠[17]。

唐通事無論在身份上還是立場上都是中國這一個巨大文明產生出來的媒介者。因為有媒介者的視角，他們能夠相對化地把中國做為學習對象來分析。在相對化的過程中經常鮮明地反映出自己和中國之間的距離。如琉球通事積極嚮往中華禮數，他們在利用中國著作（《六諭衍義》、話本小說《人中畫》）時，只將其白話轉換成官話，內容沒有變化[18]。長崎唐通事則乾脆僅僅借用話本小說的框架，創作出來的卻是一種脫胎換骨的話本小說。訓讀的情況也是一樣。在一貫與中國保持一定距離的日本國內，"訓讀"繼續著獨自的轉變，其涵義也隨之不斷深化。長崎唐通事"訓讀"（讀解—翻譯—吸收—模擬創作）話本小說的成果正好反映了他們相對中華已經離開相當大的距離。這種"距離"對於東亞"訓讀"的擴展起了很大的作用，同時也可能是決定"漢文圈"的多樣性的重要因素之一。

為了革新日本傳統"訓讀"，要轉變"訓讀"的順逆回環，荻生徂徠把"崎陽之學"提升到最理想的地位。如上所說，"崎陽"之學被他相對化，表示彼此之間有無法彌補的距離。處於"崎陽"本地的唐通事卻對日本"訓讀"的轉變幾乎無涉，他們的"訓讀"在創作"變體"話本小說上發揮出了作用，也就是"訓讀"擴展的成果。

綜上所述，江戶時代的"崎陽之學"，體現出的難道不正是"訓讀"的轉變和擴展這兩種內涵意義嗎？

主要引用文献
亀井孝1963：『日本語の歴史2　文字とのめぐりあい』，平凡社
江蘇省地方志編纂委員会1998：『江蘇省志・方言志』，南京大学出版社
木津祐子2000：唐通事の心得——ことばの傳承，『興膳教授退官記念中國文學論集』（汲古書院）
庄垣内正宏2003：文献研究と言語学——ウイグル語における漢字音の再構と漢文訓読の可能性，『言語研究』124
木津祐子2008：「官話」文體と「教訓」の言語——琉球官話課本と『聖諭』をめぐって，『吉田富夫先生退休記念中国学論集』（汲古書院），中国語訳：琉球的官話課本"官話"文體與"教訓"語言——《人中畫》、《官話問答便語》以及"聖諭"，《域外漢籍研究集刊》四（中華書局）
岩月純一2008：ベトナムの「訓読」と日本の「訓読」——「漢文文化圏」の多様性，中村春作等編『訓読論——東アジア漢文世界と日本語』（勉誠出版）
木津祐子2010：通事の「官話」受容——もう一つの「訓読」，中村春作等編《続・訓読論——東アジア漢文世界の形成》（勉誠出版）
金文京2010a：『漢文と東アジア——訓読の文化圏』，岩波新書
金文京2010b：漢文文化圏の提唱，小峯和明編『漢文文化圏の説話世界　中世文学と隣接諸学1』（竹林舎）
齋藤希史2010：新・中国学のヒント#6　近代東アジア論，『東方』355，2010-9
木津祐子2011：琉球本『人中畫』の成立——併せてそれが留める原刊本の姿について——，『中國文學報』81
奥村佳代子2011：『関西大学長澤文庫蔵琉球官話課本集』（関西大学東西学術研究所資料集刊三十五，関西大学出版部）
木津祐子2012：「官話」の現地化——長崎通事書の二重他動詞「把」と琉球通事書の処置文——，『京都大學文學部研究紀要』51
木津祐子2014：長崎唐通事の言語世界，中村春作編『訓読から見なおす東アジア』第II部三（東京大学出版会）
木津祐子2016：「崎陽の學」と荻生徂徠——異言語理解の方法を巡って，『日本中國學會報』68

注
1）金文京〈漢文文化圏の提唱〉，小峯和明編《漢文文化圏の説話世界　中世文学と隣接諸学1》竹林舎，2010年，同《漢文と東アジア——訓読の文化圏》（岩波新書，2010年）。

2)《日本語の歴史 2　文字とのめぐりあい》,平凡社,1963。據岡島昭浩〈漢字文化圏とは〉http://uwazura.seesaa.net/article/15837519.html 的考證。
3) 東京大學齋藤希史教授也贊同金教授的主張,并重視金教授把立脚点放在該地域內部的多樣性這一點上,建議直接用"漢文圈"這三個字更加貼切。他認為,假如以"文化圈"結尾,就容易導致整塊東亞內部一致的錯覺(齋藤希史〈新・中国学のヒント #6 近代東アジア論〉,《東方》355, 2010-9)。
4) 岩月純一〈ベトナムの「訓読」と日本の「訓読」——「漢文文化圈」の多様性〉《訓読論——東アジア漢文世界と日本語》(勉誠出版,2008 年)
5) 庄垣内正宏〈文献研究と言語学——ウイグル語における漢字音の再構と漢文訓読の可能性〉《言語研究》124, 2003 年
6) 金文京教授的《漢文と東アジア——訓読の文化圈》第三章〈漢文を書く——東アジアの多様な漢文世界〉專門討論東亞地區所產生的各種變體漢文。
7) 中野撝謙的伯父叫做林道榮,是一位長崎高名唐通事。中野自少師事於林道榮,被稱為"神童"。深見的原姓高,據說,他祖父移居日本,在九州島住了一段時間後又回到中國去了。他父親為了探親單身訪華,走遍中國後回到長崎做了唐通事。
8) 他也是荻生徂徠的學生,以唐話名家而聞名。他的著作《倭讀要領》也是考證江戶時代有關"訓讀"思潮的必讀之書。
9) 是荻生徂徠的朋友菅李蔭的弟子,以校訂《日本風土記》聞名。
10) 關於荻生徂徠和"崎陽之學"的詳細討論,請參閱拙論〈「崎陽の學」と荻生徂徠——異言語理解の方法を巡って〉《日本中國學會報》第 68 集,2016 年 10 月)。
11) 第三、四章的部分內容與拙論〈通事の「官話」受容——もう一つの「訓読」〉(中村春作等編《続・訓読論——東アジア漢文世界の形成》,260-291,2010 年)第三章、中村春作編《訓読から見なおす東アジア》第 II 部三〈長崎唐通事の言語世界〉重複。
12) 金文京《漢文と東アジア——訓読の文化圈》,頁 92-193,岩波新書,2010 年
13) 詳細討論,請參閱拙論〈「官話」の現地化——長崎通事書の二重他動詞「把」と琉球通事書の処置文——〉《京都大學文學部研究紀要》51, 2012 年
14) 南京大学出版社 1998 年。
15) 明末馮夢龍(1574-1646)在《古今小説(喻世明言)》、《警世通言》序文中已經宣明通俗語言應該要和聖賢義理結合的意義。《古今小説(喻世明言)》叙(部份)「……試今説話人當場描寫,可喜可愕,可悲可涕,可歌可舞。再欲捉刀,再欲下拜,再欲決脰,再欲捐金。怯者勇,淫者貞,薄者敦,頑鈍者汗下。雖小誦孝經、論語,其感人未必如是之捷且深也。噫。不通俗而能之乎。……」《警世通言》叙(部份)「……六經、語孟,譚者紛如,歸於令人為忠臣,為孝子,為賢牧,為良友,為義夫,為節婦,為樹德之士,為積善之家,如是而已矣。經書著其理,史傳述其事,其揆一也。理著而世不皆切磋之彥,事述而世不皆博雅之儒。於是乎村夫稚子、里婦估兒,以甲是乙非為喜怒,以前因後果為勸懲,以

道聽途說為學問，而通俗演義一種遂足以佐經書史傳之窮。……」當然，作為一个小說的讀者來說，作品是否精彩最為重要，并不在乎文章有什麼教育意義。不過，有了這種正式宣言，當時的讀者也許能夠更"安全"地欣賞玩味通俗白話小說。

16) 這一點跟琉球通事有很明確的差別。琉球通事將白話小說做為學習對象時，直接利用中國現成的義理和處世規則。他們原是華人後代，同時有琉球士人的位階，一旦站在通事承擔的媒介立場，中琉雙方都要求他們代表（蒙受中華恩惠的）冊封國的文明態度。這樣的立場也只在"體現中華規範"這個大原則上不生矛盾。所以，他們還是盡量要保持離中國極近的認同意識和行動規矩。具體討論請參閱拙論〈琉球本《人中畫》的成立——併せてそれが留める原刊本の姿について——〉《中國文學報》第 81 冊，2011 年。

17) 拙論〈唐通事の心得——ことばの傳承〉《興膳教授退官記念中國文學論集》，汲古書院，2000 年

18) 具體討論情參閱拙論〈「官話」文體と「教訓」の言語——琉球官話課本と『聖諭』をめぐって〉《吉田富夫先生退休記念中国学論集》（汲古書院、2008 年）。漢譯：〈琉球的官話課本"官話"文體與"教訓"語言——《人中畫》、《官話問答便語》以及"聖諭"〉《域外漢籍研究集刊》四，中華書局，2008 年

【執筆者紹介】（執筆順）

内 田 慶 市	主　　幹・関西大学	外国語学部教授
沈　 国 威	研　究　員・関西大学	外国語学部教授
乾　 善 彦	研　究　員・関西大学	文学部教授
奥 村 佳代子	研　究　員・関西大学	外国語学部教授
松 田 　清	客員研究員・京都大学	名誉教授
陳 　 力 衛	委嘱研究員・成城大学	経済学部教授
木 津 祐 子	委嘱研究員・京都大学	文学研究科教授

関西大学東西学術研究所研究叢書 創刊号

周縁アプローチによる東西言語文化接触の研究とアーカイヴスの構築

平成29（2017）年1月10日　発行

編著者　内 田 慶 市
発行者　関 西 大 学 東 西 学 術 研 究 所
　　　　〒564-8680　大阪府吹田市山手町3-3-35
発行所　株式会社　ユ ニ ウ ス
　　　　〒532-0012　大阪府大阪市淀川区木川東4-17-31
印刷所　株式会社　遊 文 舎
　　　　〒532-0012　大阪府大阪市淀川区木川東4-17-31

©2017 Keiichi UCHIDA　　　　　　　　　　　Printed in Japan

ISBN978-4-946421-49-5 C3080　　　　落丁・乱丁はお取替えいたします。

Kansai University Institute of Oriental and Occidental Studies Research Reports Series
Language contact and Cultural Interaction

Studies in Cultural and Linguistic Exchanges Between West and East, adopting the Perpheral Approach and the construction of archives

Contents

Research on the linguistic features of Guxin Shengjing
——Focus on the Manchu's affection ········ UCHIDA Keiichi (1)

Study on the Modernization of Chinese Lexical System:
With a focus on the phenomenon of the creation of
two-character words and the influence of Japanese
·· SHEN Guowei (15)

Writing style and literary style in ancient Japanese
·· INUI Yoshihiko (37)

Chinese Vocabulary of the Written Record of Oral Testimony
in Qing Youzheng Legal Cases ············ OKUMURA Kayoko (57)

A Study on the making of YOSHIO Gonnosuke's
Dutch-English-Chinese dictionary ········ MATSUDA Kiyoshi (85)

A Japanese Priest's Experience of Learning Chinese
Overseas in the Early Meiji Years ················ CHEN Liwei (141)

"Kundoku" of East Asian Mandarin sphere: "kiyou no gaku"
and Mandarin interpreters in Nagasaki ············ KIZU Yuko (171)